点字新聞が伝えた視覚障害者の100年

自立・社会参加・文化の近現代史

毎日新聞社点字毎日編集部 編

明石書店

まえがき

日本には100年以上にわたって発行されている点字の新聞があります。それが、毎日新聞社の週刊点字新聞「点字毎日」です。本書は、「点字毎日」の歩みを振り返りながら、紙面で記録してきた視覚障害者文化の変遷を広く世の中に伝えたいと願って企画したものです。

2024（令和6）年最後の発行分で5222号を数えることになる「点字毎日」は、A4サイズの分厚い刊行物です。表紙と裏表紙には活字が印刷されていますが、冊子を開くと、中身は一見すると真っ白な紙だけ。触るとザラザラしています。読者はその紙面に並ぶ点字を指先で読んでいます。その記事内容をタブロイド判の新聞に編集した活字版、人の声で読み上げて録音した音声版も発行しています。

視覚障害のある読者や関係者に郵送で直接お届けしているため、一部の図書館で閲覧できる以外に世の中で見かける機会はほとんどありません。100年以上にもわたって、こうした珍しい点字の新聞が発行され続けていることを知ってもらいたいとの思いも本書には込めています。

1922（大正11）年5月11日、目の見えない人に自ら読める新聞を提供することにより知識と勇気、安らぎを与えるという目的と、取り巻く社会の在り方を変えていく必要性を訴えた「発刊の言葉」で、この点字新聞は第一歩を踏み出しました。以来、その紙面は読者同士の議論の場、情報交換の場、そして文化活動の場となりました。特に戦前の紙面は、社会の動きを伝える、いわゆる「新聞」を超越して、新たな視覚障害者文化を生み出す役割をも担いました。

「点字毎日」がこの間に伝えてきたのは、読者であり取材の対象であった視覚障害者の活動、つまりは視覚障害者文化の進展があったからこそ築くことができたものです。それは、視覚障害者による社会参加の実践と挑戦、権利拡大を求めて闘ってきた歴史です。日々の暮らしの話題はもとより、学びの場や職業生活の充実を図る試み、福祉制度の充実を求める運動、権利獲得や擁護の闘争などなど、歴代の編集部はその動きを同時代で追いながら紙面で報じてきました。読者は点字でそれを読み、共感を覚え、刺激を受け、次の行動を生み出していきました。この循環があっての100年を超える記録となったのです。

本書の構成の柱となっているのは、2022（令和4）年の創刊100年の節目に合わせて取り組んだ年間企画『点字毎日が伝えてきたもの　100年の歩み』と、これまでの紙面で掲載したいくつかの特集です。点字考案200年となる2025（令和7）年に合わせて刊行の運びとなりました。なお、この創刊100年に合わせた企画と特集の内容は2023（令和5）年春、関西を拠点とした優れた報道活動を表彰する「第30回坂田記念ジャーナリズム賞」第1部門（スクープ・企画報道）新聞の部に選ばれました。その賞金を、写真資料の充実をはじめとして、今回の出版に生かせたことも付記しておきます。

この本をまとめるにあたって、改めて感じたことがあります。それは、日本の社会において視覚障害者は基本的に、地域社会で自立して生活してきたという事実です。そして、その視覚障害者の声に対して社会がどのように向き合い、呼応してきたのか、その変化の流れもこの本を通じて理解してもらえるはずです。

歴代の編集部には一貫して、点字を使用する重度の視覚障害者がスタッフとして関わってきました。民間企業における障害者雇用の先駆といえるかもしれません。特に草創期、当事者が主体となって強固な土台を築いてくれたおかげで、今日まで歴史を積み重ねることができたのだと考えています。そして点字新聞の発行は、毎日新聞社が本業の新聞事業で実行できる社会貢献として始まり、今なお続けられている側面があります。創刊時から採算を度外視して「名誉の赤字」の言葉と共に今日まで続いています。そうして継続している重みも強調しておきたいところです。

この間に読者と共に歩みながら積み上げ、築いてきた記録と信頼、それに裏打ちされた関連する事象に対する価値判断や評価、分析の力は、この先に予想されるＡＩ（人工知能）を駆使した記事作成の時代にもきっと生かせるものとみています。

大正、昭和、平成、令和と、四つの時代を経ながら「点字毎日」が続いてきた意義を、この本からきっと感じ取ってもらえるものと思います。長く書棚に置いてもらえる本になることを願います。

最後に、この本の企画に共感いただき、出版に理解を示してくださった明石書店の皆さまに、心からの謝意を表します。

２０２４年秋

毎日新聞点字毎日編集部
編集長　濱井良文

点字新聞が伝えた視覚障害者の100年——自立・社会参加・文化の近現代史

目次

第Ⅲ部　平成から令和の時代へ

自立と社会参加

100年記念インタビュー

・引用文中の旧漢字および旧仮名遣いは現代の表記に改めた。
・掲載した写真は特記のないかぎり、すべて毎日新聞社所蔵。

序章　点字のはじまり

１９２２（大正11）年に創刊した「点字毎日」は、当時の主力メディアであった新聞を、目の見えない人にも自ら読んでもらおうと、点字という手段に着目して発行された。その時代、日本において点字という文字はどのような位置づけであったのか。まずはそこから、この珍しい新聞が１００年を超えて伝えてきた視覚障害者の文化の歴史を振り返りたい。

ブライユと点字の発明

六つの点で構成される点字は現在、世界中のさまざまな言語に対応している。この点字を生み出したのは、フランス北部に位置するクーヴレ村出身のルイ・ブライユ（１８０９−１８５２）という少年だった。当然、最初はフランス語に対応する文字で、その基本形が完成したのは彼が16歳の時、１８２５年と言われている。日本では江戸時代後期、欧米諸国の船が交易を求めて日本近海に現れるようになり、幕府が異国船打払令を出した頃のことになる。２０２５年が点字誕生２００年という記念の年となる。ブライユが今日まで使われている点字を考案できたのは、彼自身が全盲の視覚障害者であり、自由に読み書きできる文字を心底から必要としていたためで、彼ニーズと実情を知る当事者の立場からゆえと考えて間違いないだろう。

ブライユが3歳の頃、馬具職人だった父親の仕事を真似て遊んでいたときに事故が起こった。厚くて硬い革を裁断しようとした際に、誤って刃物で右眼を突いてしまったのだ。やがて感染症のために左眼も失明し、5歳で全盲となった。それでも両親は彼に教育を受けさせ、他の子どもたちが普通に経験することは家庭で一緒にやらせようという方針だった。地元の小学校に通い、家では父親の仕事をよく手伝った。手先は器用に動くようになっていた。

転機となったのは、10歳でパリの王立盲学校に転校したことだった。この学校は1784年に開設されたヨーロッパ最初の盲学校で、当時は創設者のヴァランタン・アユイが考案した、アルファベットを浮き出させた凸字で学習していた。ただ、凸字は触って読むのが難しく、ほんの一握りの生徒しか読めなかった。さらに、これで覚えた文字を使って筆記するのは至難の業だった。ちなみにブライユはそれが可能だったようだ。彼の人生をつづった伝記の中で直筆の手紙が写真付きで紹介されている。

盲学校という学びの場で、より簡易な読み書きの方法が望まれていたときに登場したのが、かつて砲兵の士官だったシャルル・バルビエという人物だった。バルビエは1820年、縦6点、横2点の計12の凸点で音を表す記号を紹介した。これは当初、くさび形の線を使い、速記術を兼ねた文字を作ろうと試みたものであった。研究を進めるうちにバルビエは、紙に点を打つ方法を編み出すことになる。目的は夜間でも使用でき明るいところでも敵に察知されずに命令を伝達できる手段を得るためで、実用的な暗号としての意味合いが強いものだった。「夜の文字」という通称が今日まで伝わっている。

これを盲学校の生徒に試してもらうと、凸点は触読が容易で分かりやすいと注目され、凸字と比べると大きな進歩だと受け止められた。凸点を打ち出すために、筆記用具として今も使われている点字盤と点筆の原型となる道具も作られていたので、生徒たちは授業のノートを取ったり、自分のメモを残したりと盛んに活用するようになる。一方で、欠点もあった。アルファベットではなく音に対応するために文法が存在せず、対応表がなければ解読が難しい。数式や楽譜を表現できないのも弱点だった。

このバルビエ方式に対し、生徒の中でただ一人、改良を加え、分かりやすい読み書きの方法を思いついたのがブライユだった。彼は、バルビエの1マス12点を半分にして、指の腹にぴったりと収まる6点にすることを思いついた。1マスの中の六つの点の有無を確認するだけで、目の見える人が使うアルファベットのどの文字と対応するかを特定できるようにした。そもそもは、オルガン演奏に長けていたブライユが音楽記号の表現としてバルビエ方式に興味を持ち、先に楽譜を表現する手段として考えたとも言われている。つまりブライユの6点点字は楽譜も表現できたのである。これは音楽に接する機会の多い視覚障害者にとって画期的なことだった。

従来の凸字とは異なり、自ら読むことも書くこともできたブライユの6点点字は、生徒の間でも好評だった。しかし、学校では使用が禁止される。見える人にも読める文字を使用し、見える人と同じ読み書きの方法を使うべきだという従来の方針が踏襲されたためである。学校としては見える人の世界との間に壁ができるのを恐れたのだった。それでも生徒たちは自分たちにとって使い勝手の良い点字を隠れて使うような状況が続き、楽譜には学校でも例外として一貫して点字が使われた。

ブライユは17歳の時に同校の教員となる。教えるだけでなく生徒の学びを助けようとする教師だったが、やがて結核を患い体調を崩し、回復することなく43歳で亡くなった。その時もまだ点字の使用は同校で認められていなかった。亡くなって2年後の１８５４年、盲学校での使用がようやく許され、晴れて政府公認の文字となった。

ブライユの死後１００年に当たる１９５２年、彼の遺体は故郷の墓地からフランス史に多大な貢献をした偉人たちが眠るパリのパンテオンに移された。

パリから東へ約60キロの郊外に位置するクーヴレ村には、18世紀に建てられたブライユの生家の一部が今も残っており「ルイ・ブライユ博物館」として公開されている。中庭にある大理石の板にはこう記されている。

「彼は見ることのできない人々に知識の扉を開いた」

世界に広まったブライユ点字

ブライユの点字は、１８５４年にフランスの盲学校で公式な文字として使われるようになると、しだいにヨーロッパ各地へと広まっていった。そして、各国でそれぞれの言語に対応させようとする試みがあったが、１８７８年にパリで開かれた国際会議で、ブライユの点字をそのまま公式文字に採用することが決まる。これ以降、フランス語だけでなく英語などでも彼の名をつづった“braille”（英語で「ブレイル」）は点字を指す言葉となった。

米国では事情が少し異なった。１８６０年頃に点字が輸入されると、その有用性はすぐに理解されたが、ブライユ点字に感じた欠点を補おうと、各盲学校でそれぞれ独自の点字が開発され、結果として三つの点字が流通することになった。米国でのこの混乱は「点字戦争」と呼ばれ、出版される書物の重複、異なった形式の点字を学んだ失明者の間では文通もできないといった事態を招き、やがて点字の統一が求められるようになった。１９０９年、アルファベットに英国で採用されたブライユ点字を用いた上で、米国の独自方式の要素を一部取り入れた標準点字が決まる。すると今度は英国との間で英米の点字統一という課題が浮上。ようやく英語点字の統一が実現するのは１９３２年のことで、結局、ブライユ点字による点字記号が採用されたのだった。

日本ではどうだったのだろうか。ブライユの点字が最初に紹介されたのは１８６６（慶応２）年、岡田摂蔵《せつぞう》の『航西小記』によるとみられている。そして、我が国で最初に教育目的で点字を書いたのは小西信八《のぶはち》（１８５４－１９３８）という人物で、１８８７（明治20）年の出来事だった。小西は、今の筑波大学附属視覚特別支援学校（東京都文京区）の前身である楽善会訓盲唖院（後に東京盲唖学校、東京盲学校と改称）の教師だった。凸字で苦労して学んでいる生徒らに新しい文字教育を取り入れようと、その方法について東京・湯島聖堂にあった教育博物館館長の手島精一に相談したのがきっかけになった。

手島は１８７６（明治９）年、米国フィラデルフィアで開かれた万国博覧会を訪れ、海外の盲唖教育に関する教材や器具を持ち帰り、博物館に陳列していた。また、１８８４（明治17）年にロンドンでの教育と衛生に関する会合に参加した際、英国でのブライユ点字採用に尽力した英国盲人協会創設者のアーミテージと会っていた。その際に手に入れた英国製点字器とアーミテージの著書『盲人の教育と職業』を、博物館を訪れた小西に手渡したのだった。小西は、その点字器でローマ字の点字を書いた。

小西が生徒につづり方を教えると、自ら書けて自ら読める文字に、生徒たちは満面の笑みをもって喜んだ。その様子を見て小西は、点字で日本語を表現する必要を感じた。翻案作業を託したのは、視覚に障害のある子どもたちへの教育を充実させるために自らの片腕になってくれると期待して同校教員に招いていた石川倉《くら》次《じ》（１８５９－１９４４）だった。後に「日本点字の父」とされる人物である。千葉県内の小学校から東京の盲唖学校に転じた石川は、新しい触読用文字を生み出すことが欠かせないと感じていた。小西からブライユ点字を紹介されると、それを日本語に対応させる研究の道を歩む決心をする。

まずはブライユ点字の構成理論の把握から始めた石川は、欧米の文字と日本語の文字の違いに直面する。前者はすべてが表音文字で、ブライユ点字による63の組み合わせで、たいていの文章をつづることができた。それに対して日本語は平仮名や片仮名の表音文字と、漢字の表意文字でできている。そして表音文字だけでも６点の組み合わせだけではとても間に合わないほど数が多い。そこで石川は当初、３点四方の８点による点字を構想する。すべてに点を置くと、ちょうど漢字のくにがまえの部首の形になるもので、50音に対応させた配列表の作成までこぎ着けた。

そこで小西から助言があった。世界中でブライユ点字が使われるなかにあって、異なる方式を採用すると生徒には両方を学ぶよう強いることになる上、筆記具を独自に用意しなければならないとして、あくまで縦３点、横２列の６点による日本語対応を求められたのだった。石川は指摘を受け入れ、世界共通の方式へと方向転換する。

石川倉次（1924 年）

小西は、校内の他の教員や生徒にも点字の日本語翻案に関する研究を呼びかけた。それぞれの試案は教育実践の場で取り入れられ、生徒たちの点字に対する期待はますます高まった。同僚らとアイデアを競い合う形になった石川だったが、最終的には1890（明治23）年11月1日、同校で開かれた第4回点字選定会において、彼の案が満場一致で採択される。50音の清音を表す配列が日本語の特性を考慮して構成されているだけでなく、濁点や半濁点を表す場合は清音の前に特定の点を置いて2マス用いる「付加点前置法」の採用が彼の発想のポイントだった。

「今日」を「けふ」と書くような歴史的仮名遣いだった当時、表音的仮名遣いが望ましいと感じていた石川は拗音点字も完成させる。そして1901（明治34）年4月22日付官報に「日本訓盲点字」が掲載され、公的に点字の存在が認められることになった。なお、日本点字制定記念日は11月1日。石川案に決まった日が重んじられている。

点字の仕組み

ここで点字の仕組みを簡単に説明したい。縦3点、横2点の計六つの点で一つの文字を表す点字は、すべて横書きで、視覚障害者の多くは左手の人さし指で読んでいる。日本語の点字は基本、すべて「かな表記」で、平仮名と片仮名の区別はない。六つの点にはそれぞれ番号が付いている。左の一番上が1の

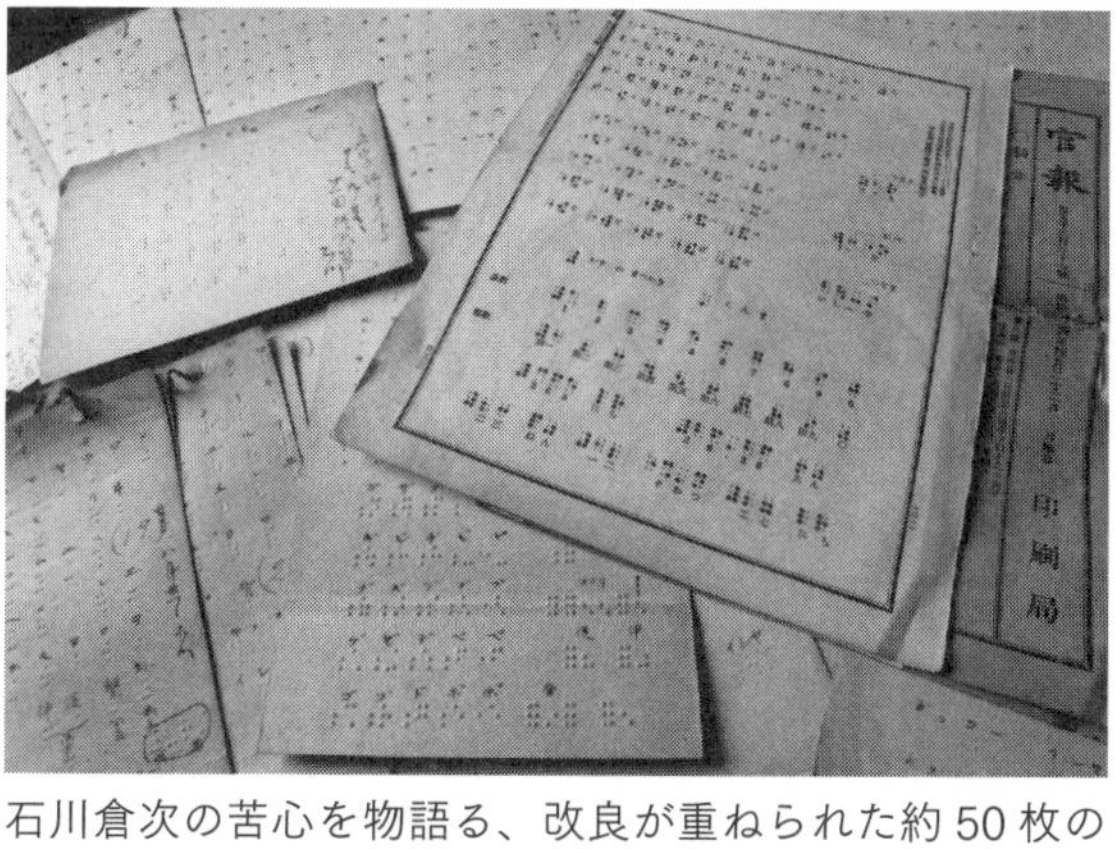

石川倉次の苦心を物語る、改良が重ねられた約50枚の6点点字配列表。右は石川の点字が掲載された官報（筑波大学附属視覚特別支援学校で、2009年）

点、真ん中が2の点、一番下が3の点。右の一番上が4の点、真ん中が5の点、一番下が6の点である。

これら六つの点は、二つの役割に分かれる。1、2、4の点は母音を、3、5、6の点は子音を示す。これらの組み合わせによってできる63通りの形で文字を表す。仕組みとしては、同じく母音と子音の組み合わせで構成されているローマ字に似ていると言えるだろう。

もちろん、「がぎぐげご」といった濁音や「ぱぴぷぺぽ」といった半濁音があり、「っ」の促音のほか、「きゃきゅきょ」などの拗音や「ふぁふぃふぇふぉ」などの特殊音もある。句読点や疑問符、感嘆符、カッコ類などの記号も表せる。数式やアルファベット、メールアドレス、そして、楽譜なども表現できる。点字を表す六つの点、すべてを使うと「め」という字になる。「点字が、視覚障害者の『目』になってほしい」という、日本語点字の翻案者・石川倉次の願いが込められているそうだ。

点字の書き方は一定のルールに従っている。縦3点、横2点で表された点字1文字を、「マス」という単位で数える。例えば、読点の後は1マスあけ、句点の後は2マスあけることなどが決まっている。「点字毎日」と書く場合は、独立した意味のまとまりごとにマスをあけ、「テンジ□マイニチ」となる。

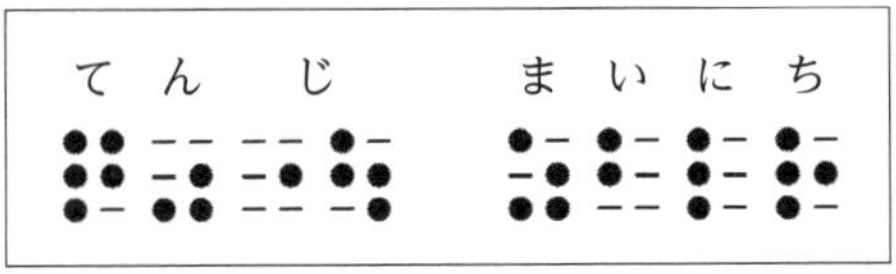

「点字毎日」を点字で表す

点字新聞発行の原点

盲学校での学びのための文字としてフランスで生まれ各国に広まった点字は、印刷機の普及とともに、視覚障害者が読める本の出版への道をひらいた。1892（明治25）年、米国で発明された点字印刷機は、製版機によって点字を打ち出した2枚の金属板の間に紙を挟み、ゴムローラーの間を通過させて圧縮することで、紙に点字を打ち出す仕組みだった。現在、製版こそコンピューター制御の自動化が可能となったが、人の手でローラーを通す印刷の基本形は今も変わっていない。

日本で初めて出版された点字本は聖書だと言われている。横浜にあった米国の聖書会社が新約聖書『ヨハネ伝』の点訳に着手した。国産で米国製と同じ方式の点字印刷機が製作される1907（明治40）年より前のことで、本国から機械を輸入しての印刷だった。また社会福祉法人桜雲会《おううんかい》は、前身の東京盲学校同窓会点字出版部が1902（明治35）年に活動を始めて以来、今日も続いている点字出版施設だ。校内の点字教材や同窓会機関誌などを手がけた。

こうして日本でも始まった点字出版だったが、盲学校で点字を習って読み書きができた視覚障害者は一部に過ぎず、点字の存在も十分には知られていなかった。使用者を広げる役割を果たしたのは、当時の最新メディアだった「新聞」をうたった刊行物だった。

存在が確認されている最も古い点字新聞は、1906（明治39）年から神戸で発行された「あけぼの」である。中途失明による点字使用者だった教育者、左近允孝之進《さこんじょうこうのしん》（1870－1909）が1905（明治38）年に活版式点字印刷機を開発し、六光社《ろっこうしゃ》を組織して点字出版を始めるなかで、週刊の点字新聞も発行した。ただ長くは続かず、彼の没後に廃刊となった。

左近允とも親しく、大阪毎日新聞社から点字新聞を発行するきっかけをもたらした人物が、自身も弱視の視覚障害者だった好本督《よしもとただす》（1878－1973）だった。英国のオックスフォード大学に留学していた好本は帰国後、早稲田大学で講師として英語を教えながら、日本の視覚障害者を支援する福祉活動に力を入れた。英国の進んだ事情を伝えようと1906年、『日英の盲人』を遠縁の山縣五十雄《やまがたいそお》（1869－1959）が発行人を務める東西社から出版した。その点字版は交流を深めていた左近允の六光社から出版し、各地の盲学校に寄贈した。やがて好本は英国と日本を行き来するようになり、日本の製品を扱う貿易業に従事。収益の多くを日本の視覚障害者のために捧げた。彼は敬虔なキリスト教徒だった。

好本は英国で、大阪毎日新聞社から留学生として派遣された河野三通士《こうのみつし》記者（1885－1975）と知り合う。この二人の間で交わされた会話が10年後、「点字大阪毎日」の発行につながるのである。

点字の読み方一覧表

50音

ア イ ウ エ オ
カ キ ク ケ コ
サ シ ス セ ソ
タ チ ツ テ ト
ナ ニ ヌ ネ ノ
ハ ヒ フ ヘ ホ
マ ミ ム メ モ
ヤ ユ ヨ
ラ リ ル レ ロ
ワ ヰ ヱ ヲ
ン

拗音

キャ キュ キョ
シャ シュ ショ
チャ チュ チョ
ニャ ニュ ニョ
ヒャ ヒュ ヒョ
ミャ ミュ ミョ
リャ リュ リョ
ギャ ギュ ギョ
ジャ ジュ ジョ
ビャ ビュ ビョ
ピャ ピュ ピョ

特殊音

イェ シェ ジェ チェ
ウィ ウェ ウォ
クァ クィ クェ クォ
グァ
ツァ ツィ ツェ ツォ
ファ フィ フェ フォ
ヴァ ヴィ ヴェ ヴォ
ティ ディ トゥ ドゥ
テュ デュ フュ ヴュ
ヴ

濁音・半濁音

ガ ギ グ ゲ ゴ
ザ ジ ズ ゼ ゾ
ダ ヂ ヅ デ ド
バ ビ ブ ベ ボ
パ ピ プ ペ ポ

記号

長音 促音 中点 継ぎ 句点 読点 ? !
棒線 小見出し符 点訳者挿入符
カギ ふたえカギ
カッコ 二重カッコ

アルファベット

外字符a 大文字符 二重大文字符 外国語引用符
WHO You
a b c d e f
g h i j k l
m n o p q r
s t u v w x
y z

数字

数符 1　123
0 1 2 3 4
5 6 7 8 9
10 100
小数点 1.2　アポストロフィー '93
分数線 ⅓　+ − × ÷

その他

% & ギリシャ文字 α β γ

第Ⅰ部　「点字毎日」創刊から戦中まで

1 ひとすじの光かかげて——創刊前夜

1922（大正11）年2月11日付の大阪毎日新聞（略称・大毎、毎日新聞の前身）朝刊。1面には4段横ぶち抜きのスペースで「本社新築記念事業」の横見出しが躍る社告が掲載された。

この社告で、「英文大阪毎日新聞創刊」と「週刊『サンデー毎日』発行」に挟まれる形で、縦見出しでうたわれたのが「週刊点字新聞発行」であった。「点字毎日」（略称・点毎）が、大阪市北区堂島の地に建設された新社屋の落成記念に創刊されたと言われてきたゆえんである。

社告には「盲人界の一大福音」という小見出しとともに、次のように創刊の趣旨が触れられている。

同情すべき盲人教育は、わが国において未だはなはだしく不完全の状態にある。あわれむべき彼らの多数は、ほとんど顧みられることなしに暗黒へ葬り去られている。盲学校の存在によって多少の教育はほどこされているが、この以外に教育する何ものもあるのではない。ロンドン・デイリーメール社が点字新聞を作って彼らのために知識を注ぐことをなしてから非常に好成績を示し、目下、十数万部を印刷しつつあるという。この計画は、これにならったもので、盲人のためのこの光明世界を作り出して、彼らをして自由に世界の人文に触れしめようとするのである。もちろん、日本における最初の試みである。

活字の世界から隔絶された盲人に対する社会奉仕的な事業として、当時の社長・本山彦一《もとやまひこいち》の英断で実施の決まった計画が初めて世間に明らかにされた。

きっかけは〝罪ほろぼし〟

事業化のきっかけは10年前にさかのぼる。

明治末期から1915（大正4）年春まで、大毎初の留学生として英国ロンドンに派遣されていた河野三通士は、当時オックスフォードで貿易商を営むかたわら、日本の盲人福祉と教育振興に情熱をもって取り組んでいた日本人、好本督と知り合う。そして、好本の尽力により英国盲人高等師範学校師範科で学んでいた日本最初の盲人留学生・中村京太郎（1880－1964）とも親交を重ねていた。

1912（大正元）年の夏。河野はオックスフォードに好本を訪ね、二人で町外れの細道を散策していた。いつもは、心のあり方などを話題にしていたのだが、このときは好本がこう切り出した。

「君は罪ほろぼしをしたらどうだ」

「罪ほろぼし？　そんな悪いことをした覚えはない」

「君の友人が悪いことをしている」

「友人？　名を聞かしてもらいたい」

「それは新聞記者の意味だ。君

大阪毎日新聞

本社新築記念事業

英文大阪毎日新聞創刊

日刊英字新聞の發行

週刊 點字新聞發行

盲人界の一大福音

週刊 サンデー毎日發行

門司に通信聯絡部設置

滿洲朝鮮の巡回診療

大阪毎日新聞社

紙面の中央部分に掲載された大きな社告。「点字新聞発行」の見出しがつけられている（大阪毎日新聞1922年2月11日付）

河野三通士

や君の社の人々は悪いことをしていまいが、新聞記者の中には往々有意識的に、または無意識的によくないことをやっているものもあるかと思う。しからば君自身がやらないからといって、それで満足しているのはよろしくない。大に善根をつんで、同業の罪ほろぼしをしてはどうか」

「何かよい方法でもあるか」

「新聞社だから点字新聞を出したまえ、懇願する」

　河野にとって、「罪ほろぼし」という言葉のインパクトはいかにも大きかったようだ。彼が後に「言葉の力　点字新聞の誕生」というタイトルで、回顧エッセーをつづったことからも分かる。

　創刊の3年前に大毎は社屋新築を記念した事業を計画し、社員から企画を募った。その際、河野は心動かされていた「点字新聞」の創刊を提案する。だが、社内には「そんなもうからんもの、あかん」と、特殊な事業を危ぶむ声が強かった。一蹴されそうな空気の中で本山社長は「これはいい案だ。ぜひやろう。損得など問題でない」と決断を下した。

　ロンドンでの日本人同士の出会いと、社長の「鶴の一声」が、今日まで100年続くことになる点字毎日を生み出したのだった。

好本督の思い

　好本自身も視覚障害者であった。夜盲があり、夕方になるとよく見えなかった。晩年はほとんど見えなくなっていたようだ。

　好本は東京高等商業学校（現・一橋大学）を出た後、オックスフォード大学で神学を学んだ。その後、早稲田大学で初めての視覚障害者教員として講師を務めた経験を持つ。この間、英国の先進的な盲人福祉や教育の状況を紹介した著作を発表。点字版も作って全国の盲学校などに寄贈し、大きな反響を呼んだ。盲人の全国組織の結成も試みたが、運営資金の調達に行き詰まり、職を辞して再び渡英する。

　大毎の河野と知り合った頃は、

ロンドンとオックスフォードで日本の品を扱う小さな店を経営し、その利益の大半を日本の盲人のために捧げていた。

好本は、日本の盲人の社会的な地位の向上には、知識や教養を伝えるのが大事だと感じていた。そして、そのためには当時の最新メディアであった新聞が点字で発行されることに期待した。そこで日本の新聞社による本格的な点字新聞の発行を思い描いたのであろう。

では、点字新聞の創刊を提案する発想はどこから来たのか。ヒントの一つが英国にあった。当時、新聞社が発行する点字の週刊新聞が出ており、好本はその存在を知っていた。それはデイリー・メール社が創刊10年目の1906年11月に発行を開始したもので、一般ニュースを掲載する点字19ページによるものだった。

また好本は、日本で最初とされる点字新聞「あけぼの」を1906（明治39）年に創刊した左近允孝之進と、共にクリスチャンとして親しかった。自らの著書『日英の盲人』の点字版は、左近允の点字出版所「六光社」から出している。すでに日本においても、左近允の手で点字新聞が発行されていた実績も踏まえて提案したものと考えられる。

点字毎日が1963（昭和38）年に菊池寛賞を受賞した記念として、翌年、毎日新聞社は「点字毎日文化賞」を創設した。その第1回受賞者に選ばれた好本は「採算を無視して発行を続けられた点字毎日は、社会が協力してくれた例のうち最も著しいもので、敬意を表するとともに、感謝をしている。私のしたことはただ、英国のいいところを見て、それを報告し、そして盲人の福祉、教育が進められるよう励ましただけだ」とのコメントを残している。

点字新聞の挑戦①

好本督と「デイリー・メール」

◆「日本」を伝え、「英国」に学ぶ

好本督は1900（明治33）年、東京高等商業学校を卒業すると、パリ万博を見学した後、英国にわたる。渡英の理由ははっきりしないが、2年後の日英同盟締結に見られるように、日本との関係が深まりつつあった「大英帝国」をじかに確かめたかったのではないか。後年、岡山医科大学（現・岡山大学）小児科教授を務めた弟の節《みさお》も英国留学しており、好本家にとって英国は、縁遠い国ではなかったようだ。

オックスフォード留学時代の好本督（提供：佐木理人）

好本が選んだのが、名門オックスフォード大学。同大学のジーザス・カレッジで約半年間、ハリス・マンチェスター・カレッジで2年近く、哲学・宗教・文学を研究した。同カレッジに残る1904年の資料から、彼が「スペシャル・スチューデント」として学び、奨学金を授与されたことがわかる。さらに、「好本は、視力が不十分で英作文の力は不完全だが、勤勉でまじめな学生」との記録に、後年、多くの信望を集めた青年の姿が浮かび上がる。

そんな彼は、異国でどのような活動を行ったのか。まず取り組んだのは、「日本盲界」の発信である。1901年発行の雑誌「The Blind（ザ・ブラインド）」で、伝統的な仕事として、あんま・はり、音楽を挙げ、「近年、晴眼者が進出し、競争がはげしくなっている」と報告。加えて、明治期に廃止された盲官の制度や京都・東京をはじめとする盲唖学校の創立にも触れている。

英国での見聞を広めた好本は、翌年『眞英国《しんえいこく》』を著し、祖国の盲青年に大いなる「刺激」を与えた。1908年、英国で開かれた盲人の国際会議では、「日本の盲人の過去・現在・未来」と題して発表した。日本の盲人には、①十分な教育、②適切な仕事、③精神面の教育が必要との考えを示した。以後も、日本を代表して何度か国際会議の舞台に出た。

好本は、ハリス・マンチェスター・カレッジ在学中に体調を崩し、医者の勧めもあって帰国する。再びカレッジに戻ることはなかったが、日英を10回近く往復し、盲人救済に尽力した。その原動力が、オックスフォード大学の関係者らにより展開された貧民救済事業「セツルメント運動」だった。その拠点「オックスフォードハウス」が、好本を資金面で支えた会社の名称になった。

1908年設立のオックスフォードハウスは、英国の毛織物を輸出し、日本からは手芸品を輸入、日英に支店を置いた。ロンドン支店長の小西保夫《やすお》は、渡英目的で水夫になり、上陸後に姿をくらました際、好本と出会った。そんな抜擢からも好本の人柄がうかがえる。

1914年、オックスフォードハウスは、神戸支店の抱えた負債で危機に陥る。何とか日本での資金繰りをすませ、英国にもどった好本は、在英の日本人男性と会社を起こし、盲人たちへの支援を続けた。

◆「静かな家族だった」

祖国の盲人に尽くした好本は、英国でどのような家庭を築いたのか。オックスフォードに残る旧好本家には一家とは無縁の家族が暮らし、子孫の足跡をたどるのは難しい。1961年に近くに転居してきた70代の英国人女性は、「静かな家族だった」との印象を語り、「家の中から、クラシック音楽がよく聞こえてきた」と回想する。好本がオックスフォードハウスを設立した頃に伴侶となった妻のマーガレットは、8歳ほど年下の英国人で、二人は2男1女を授かった。長男のデビッド・タダス・ヨシモトは、ロンドンの高校の校長を務め、次男のジョン・ミサオ・ヨシモトは、ロンドンで医師として開業。娘のモーリーは、孤児院に勤め、マーガレット夫人とともに父親の最期を看取った。

そんな子供たちについて興味深い事実がある。息子たちの改名だ。デビッドは1940年、ジョンは翌年、「ヨシモト」から「ニュートン」に名を変えた記録が残る。これはマーガレットの旧姓のようだ。第二次大戦中の敵国人への差別を避けるためと思われ、一家の生活がいつも穏やかだったわけではないことがうかがえる。

◆デイリー・メール点字版の誕生

好本が点字新聞を発案した際にその発想元となったと思われるのが、英国「デイリー・メール」紙が発行していた点字新聞だ。デイリー・メールは、新聞王として名高いノースクリフ卿によって１８９６年に創刊された大衆紙で、その10年後に誕生したのが週刊の「デイリー・メール・エディション・イン・ブレイル」だ。すでに廃刊となっているものの、バックナンバーの一部がＲＮＩＢ（英国盲人協会）に残る。

12月1日付の第1号は20ページからなり、27行のインターライン方式（表ページの行間に裏ページの点字を印刷する）の点字が印刷されている。表紙には、当時、急速に発行部数を伸ばしていたデイリー・メールのマークが描かれ、英国に4万人の全盲者がいることや点字新聞の発行が新聞界の歴史上唯一の試みであること、購読者の紹介を広く呼びかける文言が墨字で印刷されていた。

注目の中身は、墨字のデイリー・メールの記事のいくつかを点訳したもので、目次はなく、当初は記事が変わっても行やページを改めていないため、読みづらい。それでも、ＲＮＩＢナショナル・ライブラリー・サービスのフィリップ・ジェフス氏は「初めてにしては、たいへんよくできている」と評価する。第1号の冒頭では、創刊10年を記念してデイリー・メールが賞金を出して開催したロンドンからマンチェスターまでの初飛行の記事が掲載され、同紙の注力で発行が実現した点字新聞であることを強く印象付けている。

点字の印刷は、英国内外盲人協会（後のＲＮＩＢ）で行われたとの記録がある。デイリー・メールは、主に資金面を担当していたようだ。当時の英国には、１８９２年創刊の週刊点字新聞「ウイークリー・サマリー」が存在したが、これは、さまざまな新聞から記事を拾い集め点字化したもので、特定の新聞社が発行するものとしては、デイリー・メールが初めてだった。

デイリー・メールは、なぜ点字新聞の発行に着手したのか。ジェフス氏は、二つの可能性を挙げる。まず、ノースクリフ卿のライバルで、大衆紙「デイリー・エクスプレス」を創刊したアーサー・ピアソン卿の影響だ。ノースクリフ卿は、弱視だったピアソン卿が取り組んでいた、ロンドンからスモッグをなくすキャンペーンに協力したばかりか、彼の呼びかけに応え、英国内外盲人協会に設備や点字図書を整備するための寄付も行った。そうしたかかわりの中で、視覚障害者に点字の新聞を届けるという着想にいたったのではないかという。

さらに、デイリー・メールは、創刊以来、人目を引く事業に積極的だった。そのため、創刊10年を記念した事業の一つとして、点字新聞を世に出すことを表明したと考えてもおかしくないというのだ。実際、1906年12月1日付の同紙（墨字版）において、点字版発行の意義を高らかに報じている。加えて、クリスマスプレゼントとして、全盲者に点字新聞を贈るキャンペーンを始めたり、仕事を求める視覚障害者を支援する活動に協力したりと、社会事業としての展開も見せた。

◆社会の流れの中に導く

デイリー・メール点字版は、1907年には16ページ、1913年には12ページと徐々にページ数を減らした。戦争などによる紙代高騰の影響からか、継続した発行が容易でなかったことがうかがえる。

名称の変更もあった。1915年頃、発行元がNIB（英国内外盲人協会が改名）に移管され、1918年頃に「ザ・ブレイル・メール」と改められ、代わってNIBのマークが表紙に入った。この移管には、失明後NIBに入り、1914年に代表となったピアソン卿がかかわったと考えられる。その後、「ザ・ナショナル・ブレイル・メール」となった同紙は、視覚障害読者の理解を助けるため、触地図を掲載、一方、表紙に、アルファベットや文章記号などの点字一覧表を墨字で印刷し、点字の普及にも努めた。

英国近代史が専門の神戸市外国語大学教授・光永雅明氏によると、「（デイリー・メール点字版創刊当時）英国では、小学校の義務教育化を背景に識字率が向上し、その結果、民衆を購買層とする大衆新聞が盛んになった」という。そんな社会の流れの中に全盲者を導いたデイリー・メール点字版。新聞社自らの責任の下、点字新聞発行の試みが生まれたのは、たいへん意義深い。

2 「一個独立」願い定価10銭——点毎創刊

社告で点字新聞発行の計画を発表したのを受けて、大阪毎日新聞社では創刊号の発行に向けた最終準備が始まった。

準備委員会のメンバーに加わった外国通信部長の河野三通士が、本山彦一社長に初代編集長として推薦した人物は全盲の中村京太郎。共にイギリス留学中に出会って以来、付き合いを深めていた。

中村京太郎

本山社長は1922（大正11）年2月、東京・阿佐ヶ谷で暮らしていた中村を都内のホテルに招いた。大阪毎日新聞社が点字新聞を出す構想を次のように語ったとされる。

「すべて盲人のために考えたい。こういう事業を新聞社がやったら、他の新聞にも影響を与えるし、一般社会に対しても影響を与える。そのことを私は興味を持って考える」

そして、中村に向き合い、大阪に来て点字新聞の編集をするよう強く要請した。

「やりましょう」。点毎創刊の話を前もって河野から聞き、恩人である好本督と河野による10年前のオックスフォードでの会話についても知っていた中村は、本山社長の要請を一も二もなく引き受けた。

点字新聞への強い思い

中村はその当時、自宅で点字週刊新聞「あけぼの」を自力で発行していた。1906（明治39）年1月に神戸の地で左近允孝之進によって創刊され、5年弱にわたって発行された我が国最初の本格的な点字週刊新聞である。中村はこの名称を引き継ぎ、1919（大正8）年に再興を期して発行を始めた（発行元は盲人基督信仰会）。当時42歳の働き盛りだった中村はこの仕事に注力していた。中村にとって「あけぼの」は、情報の発信とともに、全国の盲人にキリスト教を伝道する手段でもあった。

大阪行きを東京の仲間に伝えた際、次のように本音を語っている。

「私は、あんな派手なところに行きたくないんだ。地味なことを2、3人で心ゆくまでやりたいのだ。しかし、今の場合、自分勝手なことばかり言っていれないので行く。何年勤めるか分からないが、また、東京へ帰って来るよ」

こう決断したとき、果たして100年後まで点字毎日の発行が続くと想像していただろうか。

有料で読者の元へ

中村の点字新聞「あけぼの」に刺激を受けた読者の一人に、官立東京盲学校教員練習科1年に在学中の大野加久二《かくじ》（1897－1983）がいた。当時24歳の彼は、22年後に点毎の2代目編集長に就任する人物である。

大野は、東京美術学校（現・東京藝術大学）絵画科在学中に目を

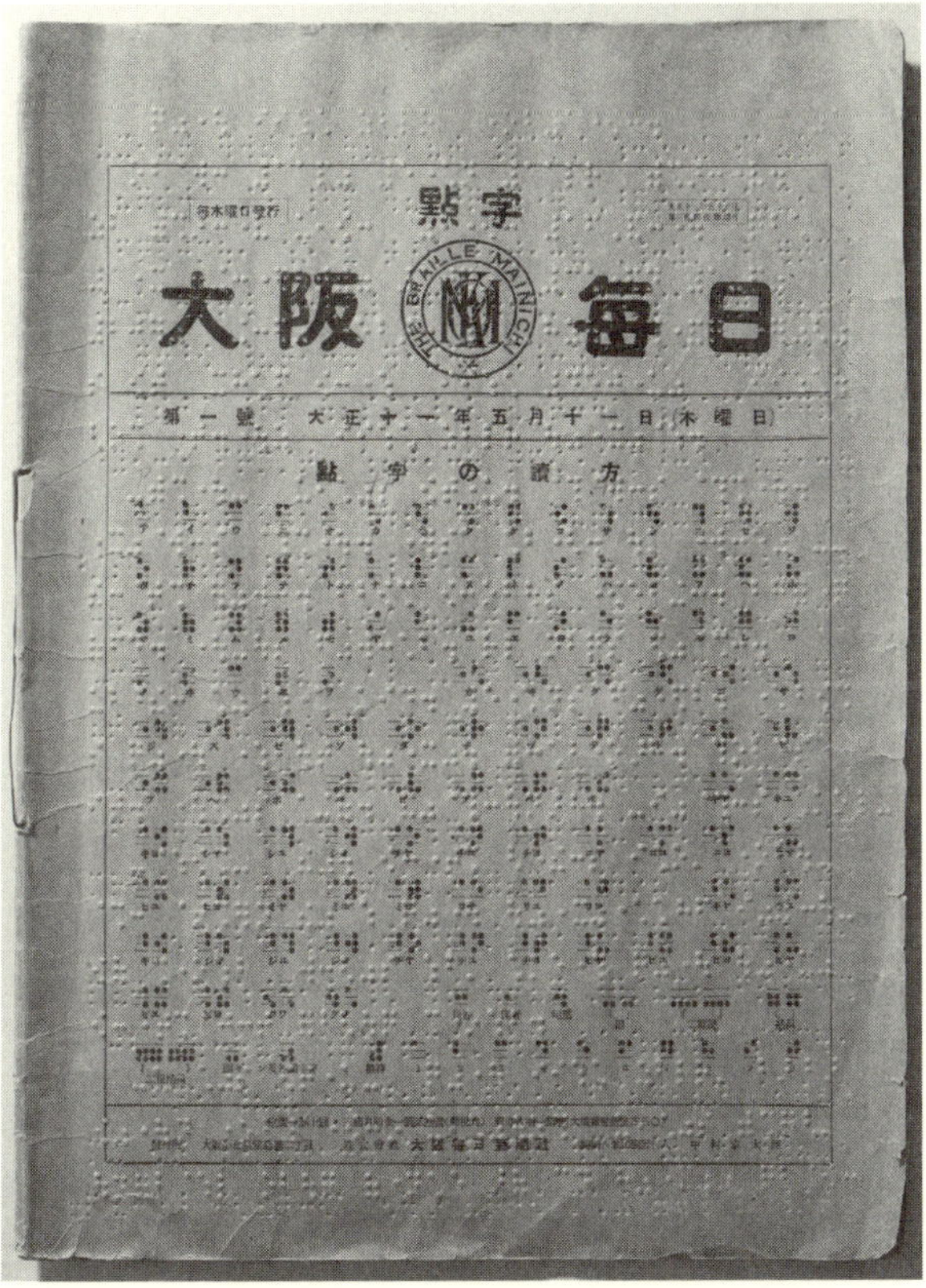

1922（大正 11）年 5 月 11 日発行の「点字大阪毎日」創刊号の表紙

悪くして退学した。郷里の名古屋盲唖学校に入り直したが、図書室で読んだ「あけぼの」に触発され、東京盲学校に移る。東京では、ひまを見つけては中村の自宅を訪ね、教えを受けた点字製版の技術で「あけぼの」や点字月刊誌「信仰」の発行を手伝っていた。中村が「あけぼの」を廃刊して大阪に行くことを決めると、片方の目がほんの少し見えていた大野は、中村を手伝うために学校を再び辞め、行動を共にすると決めた。

　中村は大阪に移る際、「あけぼの」の読者名簿500人分を持ってきた。大野は当初、この名簿を使って販売担当の郵送係として読者の名簿づくりを任された。これに加えて、全国の盲学校に手紙を出して卒業生の住所を探し出し、案内状を送る作業を続けた。この結果、創刊号は800部発行することになる。

　創刊号の定価は、準備期間中に10銭と決まった。本山社長は当初、大阪毎日新聞慈善団（現・毎日新聞大阪社会事業団）に点字新聞を購入させ、読者には無料で配布する考えだった。これに中村は強く反対する。「たとえ1銭でも5銭でも購読料は読者からとるべきだ」と主張した。

　中村の頭の中には英国で学んだ「独立して生活できる盲人を作る」という考えが常にあった。

　「点字新聞発刊の目的は一個独立の人間として社会に尊敬される盲人を作ることにある。タダではいけない」

　「定価10銭」は、慈善ではなく盲人言論の確立を願い、名実ともに新聞であることを志す強い決意を込めた価値ある選択であった。

発刊の言葉

　こうした中村の思いは、「発刊の言葉」にも表れている。準備委員会で議論を重ねるなかで、河野らと共に原稿にまとめたものだ。当時の学芸部長・薄田《すすきだ》淳介《じゅんすけ》も協力した文章である。薄田は「泣《きゅう》菫《きん》」と号した象徴派詩人で、この頃から散文に転じ、大毎に随想「茶話《ちゃばなし》」を連載して圧倒的な人気を得ていた。

　そして1922年5月11日、「点字大阪毎日」は創刊する。その「発刊の言葉」は次のとおりであった。

点字大阪毎日は、いよいよ本日第一号を発刊いたします。発刊の目的は失明者に対して自ら読みうる新聞を提供し、本社発行の各種の新聞とあいまちて新聞の文化的使命を徹底せしめんとするにほかありません。かくして一方には盲人に対し、一個の独立せる市民として社会に活動するに必要な知識と勇気と慰安とを与え、他方にはこれまで盲人に対して眠れる社会の良心を呼び覚まさんとするのであります。盲人教育発達し、盲人の自覚せる欧米には今日、普通人と失明者の差別ほとんど撤廃せられ、盲人は学芸に、実務に、その他社会各方面において、普通市民と肩を並べて活動しているのであります。悲しいかな日本にはまだ盲人が自己の力に目覚めず、社会もまた盲人に対する人道的責任観念薄きため、失明者はまったく廃人としての取り扱いを受けている有り様です。誠に文明国としての一大恥辱であります。点字大阪毎日はこの恥辱を拭い去る文化的戦士として世に出《いで》たのであります。読者諸君の愛護と、私どもの奮闘とにより、本紙が健全なる発達を遂げ、日本における文明機関の一《いつ》として世界の盲人界に気を吐く時期に一日も早く達せんことを衷心より祈ります。

その紙面には、国内外の時事ニュースや医学情報などを掲載、「スタイル（点筆）の音」と題する投稿欄を設け、読者の参加を呼びかけた。表紙に目次を示し、記事ごとに段落を変える「あけぼの」の形式を踏襲し、「触読のしやすさ」が重視された。以後、当時としては非常に珍しいインターポイント方式（表ページの点字の点間に裏ページの点字を印刷）で印刷されたA４判16ページの点字大阪毎日は、毎木曜に発行された。

点字新聞の挑戦②

二つの「あけぼの」

英国で「デイリー・メール」点字版が創刊された1906(明治39)年は、日本初の点字新聞が生まれた年でもある。左近允孝之進の「あけぼの」だ。神戸訓盲院(現・兵庫県立視覚特別支援学校)の創設者でもある人物により誕生した点字新聞は、後に中村京太郎に引き継がれた。「点字毎日」に先駆けて日本各地の指に触れた二つの「あけぼの」は、どのようなものだったのか。

◆左近允の「あけぼの」

「あけぼの」第1号の発行は、1906年1月1日。1ページ20行、1行48マスの点字で8ページからなり、左近允が設立した「六光社」から毎土曜発行の週刊新聞として始まった。1ページ目には、新聞名や発行日などの墨字とともに、「指」の形が点で描かれている。一見、白紙に見えるが、盲人によって触読される新聞であることを示す工夫と思われる。

聖書の一節から命名された点字新聞は、どのようなねらいで創刊されたのか。「発刊の言葉」には、「出版事業は人知の開発に関係するところすこぶる大なり　しかるに近来我が盲界に点字を学ぶ者日にそうか(増加)しつつあるにも関わらずその読み物乏しきためにせっかく習いえたる文字もその効用少なきがごとき有様なるは遺憾のしがたいなりとす」とある。当時の京都市立盲唖院(現・京都府立盲学校)の宿直日誌に「あけぼの」の文字がみられることから、このねらいが結実していたことがわかる。一方、1905(明治38)年に左近允が著した『盲人の教育』に「点字は、盲人の読みうる唯一の文字にして、実に彼らが心の杖とも称すべきものなり」とある。訓盲院生に「職業人である前に教養人であれ」と説いた左近允が、知識を得る手段として点字を重んじ、新聞の創刊に思い至ったのは間違いない。

「あけぼの」の特徴は、なんといってもその形状にある。横59・6センチ、縦76センチの原紙を4分割し、表面の左上が1ページ、右上が2ページ、左下が3ページ、右下が4ページ、裏面も同様に左上の5ページから右下の8ページと続く。これを四つ折りにして、訓盲院卒業生や新聞社に計670部あまりを送った。点字印刷機は、東京、横浜、京都にしかなく、左近允が自ら製作した。それは活版印刷技術を用いた点字印刷機で、1905年に特許権を得た。6点を模した活字を1マスずつ長方形の箱に並べ、その上に水でぬらした模造紙を乗せ、ローラーにかけて点字を浮き出させるというものだった。

内容は、地元紙からの記事転載など多岐にわたり、妻の増江《ますえ》などによる読み上げが情報源だったようだ。同僚と左近允の取材を続け、2009（平成21）年、「あけぼの」第1号を発見した元兵庫県立盲学校教諭の古賀副武《そえむ》氏（全盲）は、創刊の意義の一つに、論説や社説の掲載を挙げ、「（盲界の）現状を分析し、読者に呼びかけ、問いかけることで、課題を共有し、読者の自己意識や社会意識を喚起した」と語る。

左近允は39歳の若さで生涯を閉じ、その後の発行は、増江夫人によって続けられた。確認できる最新号は、1908（明治41）年9月12日発行の178号だが、廃刊の時期は不明だ。

◆中村の「あけぼの」

左近允の遺志を受け継いだのが、10歳年下の中村京太郎による「あけぼの」だ。1919（大正8）年4月3日に発行された第1号の「発刊の言葉」には、「本紙の発刊決して偶然にあらざることを記せしめよ　本紙をあけぼのと命名したのはかつて日本盲界のために最期まで闘われた左近允氏の高貴なる事業を記念せんために他ならぬ」とある。この背後には、左近允と同じくクリスチャンで、ともに「日本盲人会」の設立に関わった好本督の意志があったようだ。それは、この点字新聞が盲人

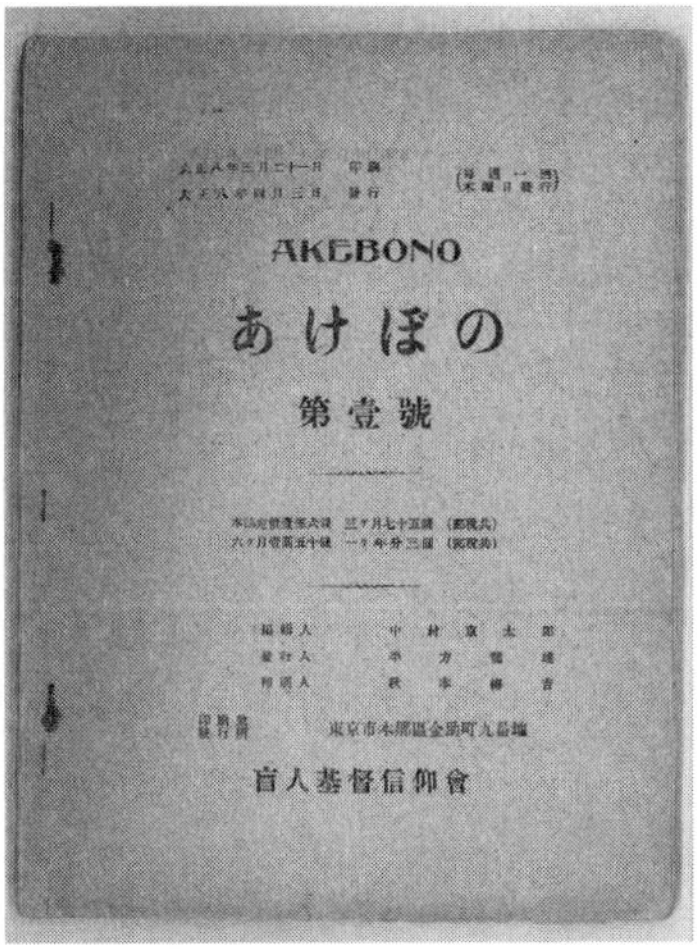

中村京太郎による「あけぼの」創刊号の表紙（提供：筑波大学附属視覚特別支援学校資料室）

基督信仰会の発行だったことからも推測できる。

一方、左近允の「あけぼの」とは異なる部分もある。第1号は、1ページ17行、1行31マス。1ページ目には墨字で「発行人　平方《ひらかた》龍男」「印刷人　秋元梅吉」とあり、「AKEBONO」の表記が新鮮だ。2ページ以降に、点字で記事の目次が記され、文章は記事ごとに段落が設けられている。点字毎日はこの方式を踏襲している。さらに、「英国における点字新聞および雑誌」として、「デイリー・メール」点字版や「ウイークリー・サマリー」が紹介され、好本の援助で初の全盲留学生として英国を訪れた中村が、両紙に刺激されたことが読み取れる。この他、神戸訓盲院での中等科の設置の記事や内村鑑三の講話などが見られる。

明治から大正にかけて、近代化を推し進める日本にあって、7万人ともいわれた全国の盲人に、点字で知識と情報を届け続けた二つの「あけぼの」。その試みは、点字毎日の「源流」ともいえる。

3 生きるための教科書に——受け入れられた背景

「点毎は生まれたばかりでシワだらけ」

創刊当初、読者からはこのように笑われたと記録が残っている。米国から輸入した最新鋭の製版機が部品の不足でしばらく使えず、編集長の中村京太郎が東京で「あけぼの」の発行に使っていた製版機を代用した。同じく輸入した印刷機も圧力の調整がうまくいかずモーターが焼けてしまい、創刊号は手回しで機械を動かしたほどだった。さらに、発送後に欠字・脱字が多いとわかり、すべてを刷りなおした。

そんなトラブルの中で発行された点字大阪毎日だったが、部数は順調に伸びていった。創刊翌月の大阪毎日新聞社社報には「点字新聞好評」の見出しに続き、「五月一二日以後毎木曜日発行の点字大阪毎日は好評嘖嘖《さくさく》申込多く既に注文は一千部を超過して居る」とある。

大阪毎日新聞慈善団の取り組みも功を奏したとみられる。同月の社報号外「慈善団事業概況」によれば、

戦前の点字製版の様子。亜鉛版にタイプライター方式で打っている

都道府県庁には1部、全国の盲学校や各種盲人団体には各1カ月分を寄贈して、点字新聞の存在と趣旨の周知徹底に努めたとある。また、この年の3月27、28の両日に大阪で開かれた全国盲人文化大会での決議を参考に、全国公私立の図書館1683館に対し各1部を無料寄贈し、館内での備え付けを希望したとの記録が残る。

　やがて読者は全国に広がったのだろう。翌年4月の社報では、「点字新聞から特派員、特置員諸氏へご依頼」の見出しで「今後地方に於て点字新聞に必要及参考となる事があれば直接点字新聞編集局宛に通信を乞う」という記事が見られる。

　では、点字大阪毎日が創刊され、読者に受け入れられていった大正時代後期は、視覚障害者にとってどのような時代だったのだろうか。

訓盲点字の官報掲載から20年

　1825年、フランスでルイ・ブライユによって考案された点字は、東京盲唖学校の小西信八によって日本語への翻案が進められた。1890（明治23）年の11月1日に開かれた日本点字選定会で、石川倉次の翻案が日本の点字として選ばれる。それが公認されたのは官報に「日本訓盲点字」として掲載された1901（明治34）年4月23日であった。

　点字が実用的に使われるようになってから点字大阪毎日が創刊されるまでにはざっと20年ほどだろうか。当時の日本には、約20万人の全盲・弱視者がおり、点字が読めるとされたのは約2000人。読み書きに使えたのはほとんどが盲学校で学んだ盲人であった。

「日本点字制定の地」の記念碑（東京都中央区・市場橋公園で、2010年）

　学びのための文字として日本で点字を生み出した盲学校。岸博実《ひろみ》氏の著書『盲教育史の手ざわり』によれば、明治後半に創立ラッシュが起こったという。「おおづかみにまとめると、明治20年代10校、同30年代30校、同40年代35校、大正期20数校の新設となります」との記述からみて、点毎創刊当時、すでに全国各地に盲学校が存在し、教育実践が行われていたことになる。

点字が教育に導入されていたとはいえ、普通校で使われている教科書に対応する点字教科書が初めて登場するのは1922(大正11)年のことである。さらに、当時の盲学校は義務制ではなかった。盲人の誰もが学び、点字という文字を使える状況ではなかったのである。

そこで教育者でもあった初代編集長の中村京太郎は、点字新聞を、点字を読むようになる動機付け、モチベーションにしたいという考えがあったようだ。いわば点字毎日を教科書にしようというのである。そして、各地で盲学校での教育が軌道の乗るなかにあって、それぞれの動きを知り、結びつける役割も点字新聞を通じて担おうと考えた。それは後の紙面からもうかがえるのであるが、そもそも日本社会にはかつて、盲人による集団体制が存在していた。

全国あまたの盲人をつなぐ

日本の盲人は中世期、語りと歌いの専業者としての存在感を示し、平家物語を語る琵琶法師の集団として「当道座」を組織していた。それが近世の盲人集団へと引き継がれていく。戦国時代には新しい語り物の音楽として三味線を取り入れ、さらに箏曲《そうきょく》へと発展させ、音楽文化を築く上で重要な役割を果たす。また、もう一つの重要な職種として鍼按《しんあん》術が確立し、門人教育も始まる。管鍼法を生み出した杉山和一《わいち》による鍼治講習所の始まりは1693(元禄6)年。世界初の盲学校といわれる、ルイ・ブライユが学び教員も務めたパリ訓盲院の開設(1784年)よりも1世紀近く前からの文化的実績があったと言える。

谷合侑《たにあいすすむ》氏は著書『盲人の歴史』の中で、「わが国における視覚障害者の歴史は、中世・近世を通して一本の太い線でつながれている」として、三つのポイントをわかりやすく伝えている。

「障害者は自らの生活を守るために、芸能のあるいは鍼按の技術を身につけ集団組織(座)

をつくった。為政者の援助がなかったわけではないが、少なくとも上から与えられた組織ではなかった」

「決して偽善救済活動によって支えられ、これに甘えていた歴史ではなかった（中略）。盲人たちは職業を持ち、その生活は自立していた」

「盲人たちは中世・近世を通して忌避されることなく社会に受け入れられていた。わが国は盲人を受け入れる社会体制を持ち、精神風土を持ち合わせていたといえる」

しかし、明治維新により社会は大きく変化してしまう。再び谷合氏の記述で見てみよう。

「明治四（1871）年盲人の全国組織であった当道座が解散させられ、盲人たちは寄るべを失ったまま新体制の社会に放り出された。明治政府は盲人に対する教育保障・生活保障の政策は何も持っていなかった」

こうして混乱状況に至った盲人を今一度救うには教育が必要であると、宗教家や教育者、盲人のリーダーによって、私設の盲学校が各地に創設されていくのである。

中村の恩師である好本督は1906（明治39）年、「盲人の一般状態を改新せしめること」を目標に「日本盲人会」を結成するが、それは資金面から発展することはなかった。中村は点字新聞を通じた言論によって、その実現を図っていくのである。

自立と社会参加①

点字は文字とみなす（上）

――普選運動と点字投票

公職選挙法の47条には「投票に関する記載については、政令で定める点字は文字とみなす」との条文が記されている。これは、点字が選挙における投票の際の公式な文字であることを法的に定めた一文だ。この文言は、１世紀近くも前の先人たちの熱意と行動によって法律に明記させることができたもので、いまでは点字投票が当たり前の権利として行使できるようになった。

ここでは、先人たちが点字による投票を認めさせた取り組みなどを、当時の点字大阪毎日や資料をもとに振り返りたい。

◆「点字は文字」法的裏づけ

「点字」は「文字」であることが初めて法律に明記されたのは、１９２５（大正14）年に改正・公布された「衆議院議員選挙法（普通選挙法）」である。石川倉次が翻案した「日本点字」が、官報に「日本訓盲点字」として公示され24年がたっていたが、それまで点字が文字であることを裏付ける法的な根拠はなかっただけに、同法改正は点字の歴史の中でも画期的な意味をもつ。

その前年の１９２４（大正13）年、視覚障害者有志で組織した「愛知県盲人点字投票有効期成連盟」は、次のような嘆願書を内務大臣に提出した。

現今、帝国貴・衆両院、府県会、市町村会の議員選挙は、いずれも投票によって行われ、その投票には選挙人自ら、被選挙人の氏名を記載することに相成り候。しかるに、盲人自ら文字《もんじ》を記載致しかね候ため、自然、その選挙権を放棄するのやむを得ざる次第に御座候。もし、盲人が使用する点字をもって投票致し候節は、いわゆる『記載』にあらざるの理由により法規に反するものとして無効に決せられ、これがため全国８万の盲人は国法上与えられたる選挙権を行うことを得ざるは、世世の恨事と存ぜられ申し候。ついては、これが不備を補わんため、前記公法の規定中、議員選挙の投票には点字を使用しうるの一条項を設け、盲人もまた帝国臣民として与えられたる選挙権を行使することを得せしめられんことを切望するものに御座候。

文面からは、点字による投票を実現させたいという意気込みがあふれ出ている。先人たちは点字投票を認めさせるため、どのような取り組みを行ったのか。それを振り返る前に、まずは当時の時代背景を押さえておきたい。

◆普選運動の高まり

同法が改正される直前の日本は、尾崎行雄や犬養毅らが、明治時代から続くいわゆる藩閥政治から政党政治に移行することを求めた憲政擁護運動（護憲運動）や、自由で民主的な社会を求める大衆運動（大正デモクラシー）にわいていた。その支柱となったのが、身分や納税額、性別、教育、信仰などによって制限せず、国民に等しく選挙権を認める「普通選挙運動」（普選運動）だった。

明治維新後、議会開設や憲法制定などを求めた国民的な運動の高まりを受けて１８８９（明治22）年、大日本帝国憲法が制定され、翌年には第１回の衆議院議員総選挙が実施された。しかし選挙権は、直接国税を15円以上納めていた満25歳以上の男子に限られ、また被選挙権は直接国税15円以上を納めていた満30歳以上の男子に限られていた。当時、教員の初任給が5～8円ほどといわれた時代。15円の税金を納めていた人たちは、かなりの高額所得者であった。

こうした「制限選挙」制度に対し、１８９７（明治30）年、普通選挙同盟会が組織される。この頃から普通選挙を求める機運は国民の間に徐々に広がりをみせ、国会議員らも巻き込んで、１９００（明治33）年に初めて普通選挙実施の請願書が国会へ提出された。１９１１（明治44）年には普通選挙法案が初めて衆議院を通過したものの、貴族院が拒否。政府は運動が社会主義に準ずるものとして押さえつけ、いったんは下火となる。

しかし、大正時代になると、藩閥政治に反対する尾崎らの主張は多くの国民の支持を受け、時の桂太郎内閣を総辞職に追い込んだ（第一次護憲運動）。国民の政治への関心が高まりをみせるなか、吉野作造の民本主義（政治の目的は民衆の利益と幸福にあり、政策の決定は民衆の意向に従うべきとの主張）が提唱されると、普選運動は一気に再燃していく。
　1923（大正12）年、摂政宮裕仁親王（後の昭和天皇）が難波大助に狙撃される事件（虎ノ門事件）が発生し、第2次山本権兵衛内閣は総辞職。代わって発足した清浦奎吾内閣は超然内閣（国会や政党の意思に制約されず政治を行う藩閥・官僚内閣）を樹立したことから、国民がこれに猛反発し、第2次護憲運動が起こる。そして、1924（大正13）年5月に行われた第15回衆院総選挙で、政友会、憲政会、革新倶楽部のいわゆる護憲三派が圧勝。憲政会の加藤高明が首相に任命されると、衆議院議員選挙法の改正に着手した。

普選法案提出で衆議院に押し寄せた民衆（1920年）

　これに対し、枢密院や貴族院は再三にわたり政府原案に修正を加え、国会は紛糾する。結果、翌1925（大正14）年、納税要件を撤廃し、満25歳以上のすべての男子に選挙権が与えるとする同法改正案が成立した。しかし、女性への選挙権は見送られ、あわせて社会運動の大衆化や共産主義思想の拡大などを危惧した政府は、同法改正と引き換えに治安維持法を成立させる。

〔（下）につづく〕

4 模擬投票で浮上した課題——中村京太郎と黎明期

全盲の視覚障害当事者である初代編集長・中村京太郎は、点字毎日の土台を築いた。その新聞が今日まで存続しているのを考えると、その土台がいかに強固なものであったかが分かる。

点字大阪毎日創刊の1922（大正11）年に生まれ、2018（平成30）年に95歳で亡くなった元盲学校教員の阿佐博氏は生前「私は点毎と同い年」とよく口にしていたが、中村との付き合いも長かった。最初の出会いは学齢期を迎えた7歳の時、父親に連れられ四国・徳島から大阪市の点毎編集部を訪れた。「4歳にして失明した私に最初にアドバイスを与えてくださった」と著書につづっている。その時に与えられた点字教科書で点字の読み書きを身につけ、後に日本点字委員会の会長を務めるなど生涯、点字と共にあった。

その阿佐氏が中村の伝記を残している。そこではもちろん点毎在籍時代の仕事に触れており、その「アイデアとプラン」をたたえている。取り上げたのは、点毎紙面を通じての懸賞論文の募集、全国盲学生体育大会と盲学生雄弁大会（現在の全国盲学校弁論大会）の開催、点字教科書の発行、そして「模擬点字投票と普選講演会」である。ここでは、その模擬点字投票について振り返ってみたい。

本番さながらのリハーサル

点字大阪毎日が創刊された時代、世の中では普通選挙運動（普選運動）が高まりをみせ、視覚障害者も点字投票の実現を目指して運動を行った。結果、1925（大正14）年5月5日、改正衆議院議員選挙法が公布され、28条に「投票に関する記載に付いては勅令を以《もっ》て定むる点字は之《これ》を文字と看做《みな》す」の条文が明記された。

中村は紙面を通じ、各地での点字投票有効化運動の動きを伝えた。一方で懸念したのは、肝心の点字が視覚障害者に普及していなければ、せっかくの権利を行使できないことだった。そこで企画したのが１９２７（昭和２）年９月12日、大阪市の中之島中央公会堂で開いた「模擬点字投票の講習会」であった。

点字大阪毎日９月８日号の社告で中村はそのねらいを説明している。

　点字投票は、実に世界における最初の試みであり、盲人にとっても、また初めての体験であると同時に、これを取り扱う役人たちは、点字の書き方の規則や習慣に対してほとんど無知であり、かつ選挙に関する諸規定はもともと点字のためにできたものでないということから、完全なる清き一票も容易に誤って死に票になる危険がある。すなわち、あらかじめ役人側の立ち会いを求め、これを実地に試みをもって万遺漏なきを期する。

近隣の視覚障害者を招いた、いわゆるリハーサルであり、デモンストレーションであった。その実地試験の結果は、４８７票の点字投票のうち、有効は３８４票、無効が１０３票あった。有効の

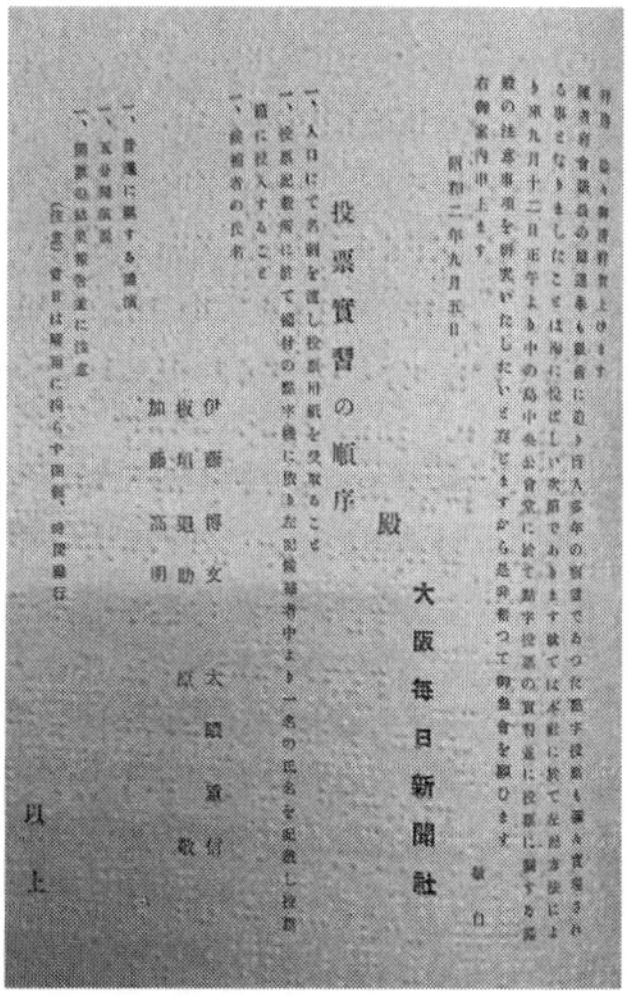
昭和二年九月五日
大阪毎日新聞社
殿
投票實習の順序
以上

模擬投票と講習会への参加を呼びかける文書（1927年）

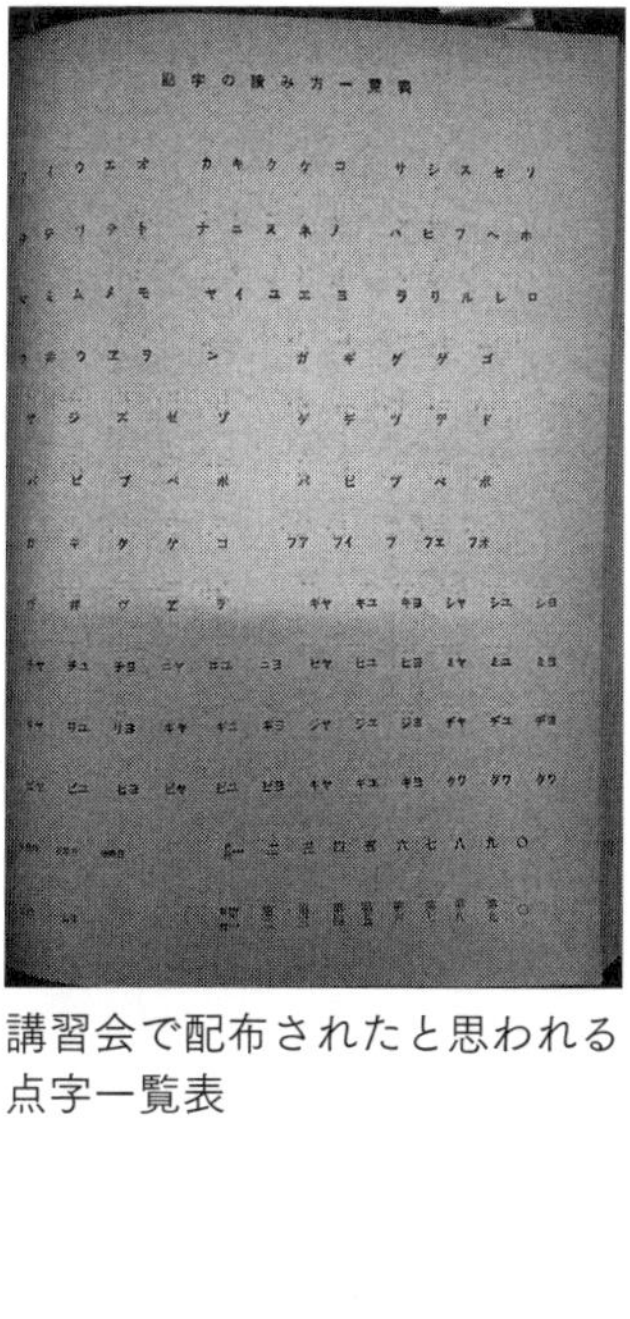

講習会で配布されたと思われる点字一覧表

384票のうち、正確に氏名を確認できたのは281票にとどまった。全体の42％が無効または候補者名を推定しなければ有効とはならない票であり、課題がはっきりと見つかった。

この講習会について「中村京太郎と点字投票運動」として論文に取り上げた森田昭二氏もまた、「まだ一度も経験されていない点字投票を、役人立会いのもとに本番そのままに実施してみせるというこの企画力」と、そのアイデアを賞賛している。

NYでの報告

中村自身、点字大阪毎日での仕事を自らの言葉で語ったことがある。1931（昭和6）年、米国ニューヨークで開かれた「世界盲人社会事業会議」に参加した際、点字定期刊行物の分科会で、自らが関わっている大阪毎日新聞社の取り組みを報告している。

日本の盲人のため利益を度外視して点字大阪毎日を発行していることをはじめ、盲学校の児童生徒のために、①点字教科書を発行していること、②思想の向上とその発表法錬磨の目的で弁論大会を開催していること、③健康増進・体育向上の目的で体育大会を開催していること、を伝えている。また、一般盲人のために、大阪毎日新聞慈善団との協力で巡回点字講習会や開眼健診を行っていることも報告。そして一般社会へのPRとして、盲人の事情や盲人事業について理解と協力を促すための啓蒙運動に邁進していることを訴えた。

点毎創刊時から中村と共に仕事を続けた2代目編集長の大野加久二は、「中村さんは、点字毎日を

東久邇宮殿下に点字大阪毎日の説明をする中村京太郎編集長（左端）（1930年）

編集するにあたって、常に『正確で明るく』をモットーとして我が国盲人の文化開発福祉増進につとめられてきた。日本の盲人が今日、アジア地区の盲人の指導者として、また世界盲界の水準にまで到達したことは、点字毎日は勿論《もちろん》中村さんに負うところが決して少くないといっても過言でなかろう」と、『中村京太郎伝』（鈴木力二著）の中で振り返っている。

1932（昭和7）年の点字大阪毎日創刊10周年の1月7日号で中村は次のようにつづっている。

過去10年間にわが点字毎日が盲界のために何をなしたか、と顧みるとき、まず盲学校令公布促進、点字教科書の刊行、点字投票の確保、点字の普及、盲人の福祉増進、失明防止等々、盲人文化のためいささか貢献しきったことは、われらの衷心満足とするところである。

点毎の黎明期、このように中村は紙面での情報発信とともに、各種事業に取り組んだ。そして、同人である盲人の資質向上に期待を込め「評壇」の欄で筆を振るう。その中から1932年8月18日号「今日の盲界相」と題した文章を取り上げたい。

我が国の盲人はあまりに目の見える人々に頼り過ぎる。そして何ら目を要せず、指さえあれば完全にできることとさえしようとしない。おそらく日本の盲人ぐらい不精な者はどこにもあるまい。我々、特にこの点について「人の振りみて我が振り直す」必要が確かにある。そうかと思うと無用な意地っ張りから、せっかく伸ばされた好意の手を叩きつけたりする。「盲人に親切をするということは難しいことだ」というようなことを聞かされる。我々盲人として目の見える人々を本位とするこの社会において「いかに生きるか」についてさらにさらに考える必要がある。

後段などは、駅ホームでの声掛けをめぐって今なお指摘されることも多く、今日まで変わらぬ課題と言えるかもしれない。

自立と社会参加②

点字は文字とみなす（下）

――点字投票の実現をめざして

◆点字投票、地方選で果敢な運動

点字大阪毎日の創刊は、ちょうど普選運動が高まりをみせていた時期に重なる。普通選挙運動を受けた政治の流れと社会のうねりを背景に、点字投票の実現を目指す視覚障害者は、果敢に運動を行った。

1922（大正11）年6月の点字大阪毎日は、岐阜県大垣市で行われた市議選において「点字投票3票が有効と認められた。選挙前は、市当局は点字を文字として認めていないとしていたが、『大阪毎日が点字新聞さえ出す時世ではないか』と糾弾した結果」という記事を掲載している。また、翌年9月の岐阜県議選では「点字投票、無効と有効」という見出しで次のような記事を載せた。

「25日、行われた県議選で、岐阜市で4票の点字投票があったが、①文字なるや、②自署なるや、③型にはめて書いたものにあらずや、の3点が疑問として残り、無効となった。一方、飛騨高山町では、点字によるものが2票あったが、有効と認められる」

当時の国の見解では「選挙法には、点字を文字としては認めていないため、点字投票を有効とする解釈をくだすには至らない」（内務省）とされていた。それでも、一部地域の視覚障害者は、すでに地元自治体へ点字投票を認めるよう強く働きかけていたことがうかがえる。

そして1923（大正12）年12月、愛知県で視覚障害者有志らが「愛知県盲人点字投票有効期成連盟」を結成する。記事によると、視覚障害者たちは連盟結成後、名古屋で尾崎行雄ら多数の代議士を迎え2万人規模で開かれた「東海普選民衆大会」に参加。「点字投票を生かせ」とのプラカードをもち、赤だすきをかけ、その必要性を大々的に訴え、「婦人参政権の獲得」と並んで「盲人の点字投票を認めるように」との大会決議文を採択させた。

連盟は翌年1月、名古屋で約2000人の参加者を集めて全国盲人大会を開き、「点字投票有効請願書を貴族院・衆議院の両院に提出し、全国に大運動を行う」と決議。「点字投票を生かせ」と記したビラを市内にばらまき、市民向け「時局問題請願演説会」を開くなど、活動を展開した。その後、点字投票を求める団体を各地で立ち上げ、三療（あんま・はり・きゅう）団体や教育関係者らも点字投票への理解を広く社会に訴えた。特に、同年5月の第15回衆院総選挙で、ローマ字による投票が認められたことから、点字投票を求める運動はいっそう熱を帯びる。

連盟や全国の関係団体などから提出された点字投票を求める請願は、同年7月の国会で取り上げられた。内務省は前記の見解を示すが、衆院は「政府は速やかに点字投票を有効と認むべし」との条件をつけて採択。さらに、連盟や各地の団体は内務大臣への陳情や嘆願書を提出したほか、全国の市町村からも内務省へ点字投票を認めるよう求める嘆願書を出すように働きかけるなど、あらゆる手段を講じた。それと並行して、大阪毎日新聞慈善団も、国や全国の自治体の首長あてに点字一覧表と点字投票記載例を作成して送付、理解を求めた。

こうして1925（大正14）年5月5日、改正衆議院議員選挙法が公布。28条に「投票に関する記載に付いては勅令を以て定むる点字は之を文字と看做す」の条文が明記された。点字投票が法的に公認されたのは、世界でも初めてのことだった。

◆「市民権」を得た点字と残る課題

改正衆議院議員選挙法の公布を受けて、大阪で近畿盲人団体・盲人文化教育設立委員共催、点字大阪毎日後援による「普通選挙実施と点字確認記念全国盲人大会」が5月26日、全国から約150人が参加して開かれた。この大会で、①点字普及の徹底、②道府県・市町村会選挙への点字投票の有効化を要望、③全国の鍼灸按《しんきゅうあん》マッサージ試験での点字の採用を要望、④鍼按業の鑑札制度を免許制度に改正するよう請願、⑤盲教育を速やかに義務教育とすることを要望、⑥同年施行される国勢調査に際し、盲人に関する諸般の調査を行うことをその筋に要望、という決議を採択。あわせて、日本盲人連合会の設立委員会設置も決めた。

改正法が公布されても、点字投票はあくまで衆院選挙のみに適用されていた。地方議員選挙について内務省は「現行の府県制・市町村制には、点字を文字とみなすという特別の条項がないので、これを有効とは認め難し」と、従来の姿勢を崩しておらず、大会での②の決議にはそうした背景があった。

だが、この問題も1926（大正15）年の国会で解決をみる。衆議院議員選挙法の改正を受けた府県制・市町村制の改正案が政府提案として審議され、選挙権および被選挙権の拡張などを改正したなかで点字投票も新たに盛り込まれ、同年6月に公布。そして、同年9月3日に行われた静岡県の浜松市議選が、選挙法の改正後、法的に認められた点字投票が日本で最初に行われる選挙となり、注目された。点字大阪毎日は「盲人有権者51人中、点字投票した者は30人。すべて有効となった」と報じている。

同年秋には、多くの府県議会で選挙が行われ、いよいよ1928（昭和3）年2月20日、点字投票が可能となった最初の衆院総選挙（第1回普通選挙）が行われた。この選挙で、尾崎行雄らとともに普選運動に力を注いだ全盲の代議士、高木正年《まさとし》が約4万7000票を獲得、トップ当選を果たした。

同年6月の点字大阪毎日には、2月の衆院総選挙で和歌山県を除く46道府県の点字投票数を紹介。それによると、合計で5428票の点字投票が行われたという。この選挙での無効票は178票（3・3％）にとどまり、点字の普及や模擬点字投票の取り組みが功を奏した。同選挙での投票総数約996万票からみると、点字投票数は決して多くないようにもみえるが、翌年に行われた千葉県六合村（現・印西市東部）の村議会選挙では、点字投票1票が候補者の当落を分けた事例があり、点字による1票の重さが如実に表れた形ともなった。

点字は、選挙制度の改革によって初めて公的な「市民権」を得た。そして、点字投票は戦後制定された公職選挙法にしっかり受け継がれている。一方、選挙においては「秘密投票」が原則となっているものの、点字投票の数の少なさから、憲法（15条）や公職選挙法（52条）で保障されている「投票の秘密」が守られないのではとの危惧を抱く視覚障害有権者もいる。また、投票前に候補者の基本的な政見情報を得るための点字公報の発行も法的に保障されていないなど、課題は依然として残っている。

5 教育・保護制度求め、高まる声——昭和戦前期

点字大阪毎日の紙面ではこの間、視覚障害当事者が直面する時々の課題と、その解決を求める生の声とともに、対策や支援のために講じられた制度や政策を記録してきた。「盲学校及聾《ろう》唖《あ》学校令」はそのはしりと言え、創刊した1922（大正11）年11月に文部省案が内定され、翌1923（大正12）年8月に閣議決定を経て官報で発布が伝えられている。

それは、①道府県への盲唖学校の設置義務、②盲学校と聾唖学校の分離、③普通教育を施す初等部（6年制）と技術教育を施す中等部（4年制）の設置、を柱とする内容だった。当時の紙面では「我が国近代盲教育の体制整う」と一定評価している。

ただし、①と②については経過措置があったため、完全実施を求める要求運動がしばらく続いた。③については中等部の正規課程に鍼按教育が位置づけられるという意義があったが、すべてがこれで解決されるわけではなかった。

同学校令が発布されるまでの流れをざっと振り返ってみると、江戸時代に確立した盲人の鍼按業と鍼按教育は、明治時代に入って医療の近代化に伴いそれぞれ改革を迫られていた。従来の業者は危機感を抱き、その結果、同業者による組織化が進み、自己学習、自己啓発のための教育要求が高まった。

戦前の点字大阪毎日編集部

それは各地での盲唖学校の前身となる講習機関を生み出す力にもなった。

一方で、日露戦争（１９０４−１９０５）を経た不況などを機に、元手がかからないあんま業に晴眼者も多数進出するようになる。盲人業者は窮乏し、あんま業の専業化を求める声が高まり政治運動が展開された。結果、盲人による専業こそならなかったものの、試験制度と盲人保護制度の必要性が認められ、鍼按業についての初の中央法制が整備される。１９１２（明治45）年に施行された「按摩《あんま》術営業取締規則」と「鍼術灸術営業取締規則」がそれである。あんまに限り、一般免許（甲種）のほか、盲人にのみ修業年限要件を半分の２年以上とし、試験も簡便にする乙種免許が設けられた。

こうして各地で盲学校教育が盛んになるなかで「学校令」が発布されたのだが、業者の内部では「鍼灸師法」を単独で求める声や、あんまとは一定区別されたマッサージの隆盛もあった。そして、類似行為である「療術」を業とする晴眼者の存在もあり、盲人業者や盲学校関係者による盲人保護を求める動きは戦前まで、とどまることなく各地で展開される。

点字投票数を具体的に報道

一方、各地での点字投票有効運動を経て、１９２５（大正14）年５月５日公布の改正衆議院議員選挙法で点字投票が制度化されたことは、視覚障害者の社会参加の権利が明確にされる特に重要な出来事であった。

国政選挙で認められた点字投票は翌年の地方選挙でも有効とされ、当時の紙面では実際に投じられた点字の票数を具体的な数字を挙げて報じている。１９２８（昭和３）年に行われた普通選挙の下での最初の総選挙。点字投票は、和歌山県の数字のみ不明とした上で、全国で５４２８票、うち無効は１７８票だったとの記録が残る。道府県別で最も点字投票の数が多かったのは兵庫県の６９１票で、無効票は０だった。

道府県別の盲人数も

数字に着目した記事では、１９３２（昭和７）年３月、各道府県の衛生課が前年12月１日時点の盲人数を調査した結果を内務省衛生局がまとめたとして、その人数を道府県別に紹介している。全国一斉に実施された盲人調査は初めてとされ、盲人の定義は、両眼で1メートル離れた地点から指の数が分からない者とされた。結果は、男性3万8307人、女性3万7960人の合計7万6267人。道府県別で最も多かったのは、大阪府の3458人。次いで、兵庫県の3212人、新潟県2956人と続いた。なお、後に『日本盲人福祉年鑑』にまとめられた数字によれば全国総数は7万6260人とあり、主たる職業も掲載されている。盲人全体の約3分の2が、三療業に従事していたのが分かる。

なお、この調査は、中央盲人福祉協会が1931（昭和6）年7月に開いた「全国盲人保護並びに失明防止会議」で、この年の10月10日を視力保存デーとすると決議したのを機に、内務省衛生局が全国一斉に実施することを決めたと報じている。同協会は1929（昭和4）年、盲人に対する社会事業の全国的な統一機関として東京で組織され、初代会長には実業家で社会事業家としても知られた渋沢栄一が就いた。失明防止と盲人福祉増進の標語を募ってポスターを制作するなど、翌年7月から本格的に活動を始め、啓蒙活動と宣伝に特に力を入れたようだ。やがて盲児の就学義務制など、政府に対する要望項目を決議するようになる。

1933（昭和8）年には同協会の盲人委員会が議会に対し「盲人保護法」制定を期して請願を行うことを決めた。その内容は先に触れた、あんま術の営業は盲人に限って免許を与えるという、盲人によるあんま専業案であった。

このように時間がかかりながらも全国の盲人の訴えが集約されていくのだが、世の中は国を挙げての戦時体制へと向かい、日中戦争、太平洋戦争へと踏み出していくのである。

“あんま”は盲人にと気勢。盲人保護法案が上程されるのを機に全国盲人大会を開催（東京・京橋公会堂で、1934年）

点字新聞の挑戦③

日刊点字新聞の時代

「点字毎日」誕生から3年、日刊の点字新聞を発行する試みが動き出す。1925（大正14）年6月1日創刊の「日刊東洋点字新聞」と、それを引き継いだ「点字読売」だ。世界的にも例がなかったと思われる試みは、いかにして実現し、どのような内容だったのか。

◆点字活字の輪転機で印刷

日刊東洋点字新聞は、現在の東京都新宿区に事務所を置き、鉄鋼業を営む木村福と義弟の木村柳太郎《りゅうたろう》によって発行された。インターラインの点字8ページからなり、点字活字を組み込んだ輪転機で1分間に120部を印刷。縦約59センチ、横約39センチの紙の裏表に8ページ分を一気に刷り上げる手法は、左近允孝之進の「あけぼの」をほうふつとさせる。木村福は1925年6月2日付の読売新聞で「まだ紙数は千部くらいで、全国の盲人十五、六万の中、点字を読める者四分の一で、前途遼遠ですが、何しろ紙にも普通物では都合が悪いので、骨が折れます」と語っている。

広橋新次という職工も創刊実現に貢献したようだ。広橋は盲人のための書籍を増やそうと、鋼鉄の点字活字を発明するが、工場をやめて困窮。そんなとき、手を差し伸べたのが木村福だった。盲唖学校を参観し、心動かされた木村が資産を投げうち、点字活字の輪転機を完成させた。

16行32マスの紙面は、社会情勢や戦況など一般ニュースが中心。1ページ目に青字で書かれた題号や住所などの他はすべて点字の新聞に、警視庁が驚き、毎日、電話で見出しを報告させて検閲を済ませたというエピソードが残る。くしくも創刊の前月、衆議院議員選挙法が改正され、世界初の点字投票の扉が開いた。そんな社会の潮流の中、同紙は新たな点字文化の担い手として全国に届けられた。

発刊の辞では「この新聞は世界最初の試みであって、盲界の言論の中心とし、真に『盲界の味方』をモットーとして立ったのである」という趣旨の一文を掲げ、その意義と姿勢を高らかに宣言している。
1937～44（昭和12～19）年の東京盲学校在学中、校内の図書館で同紙を読み続け、同紙の事務所へ見学にも行った阿佐博氏は「ほぼ毎日図書館に通い、楽しみに読んだ。わずかな記事しか掲載できないので、どのニュースを載せるか選ぶのに苦労されたと思う」と先人の努力をしのぶ。17年間続いたが、経営難から継続が難しくなり、発行を引き継いだ読売新聞社の下で42（昭和17）年8月15日、「点字読売」として新たな道を歩み出した。

◆墨点字でアピール

その前月、読売新聞紙面に黒地に白抜きの「てんじよみうり」の墨点字が躍った。点字読売の発刊を知らせる社告だった。その対象とされたのは、まず失明軍人だった。編集長は婦人部長からの異動となった高畠直《たかばたけなお》定《さだ》。高畠は着任後、さっそく社内で点字の読み方一覧表を配り、同僚の理解を求めた。部員はわずか10数名。阿佐氏は桜雲会から2人の弱視女性と1人の晴眼女性が読売新聞に移ったと記憶するが、それを記録した資料はない。ただ、発刊を祝う集いを報じた記事に、東洋点字新聞・木村柳太郎とともに、桜雲会創設者の高橋豊次《とよじ》の名がある。さらに「キリスト信仰会・好本督」の名も並ぶ。

紙面構成は東洋点字新聞を踏襲した。阿佐氏は「傷痍軍人を取り上げた新聞小説が連載され、盲人マッサージ師を募集する広告記事もあった」と言い、「有楽町の本社で催された音楽会や講演会によく参加した」と懐かしむ。

「点読《てんよみ》」の愛称で親しまれ、常時1万1000～1万4000部印刷されたという同紙は、1945（昭和20）年5月、戦災で輪転機が焼けて休刊。その後、いったん再開したものの、翌年3月5日付で廃刊となった。京都府立盲学校に残る「終刊号（第6791号）」には、「継続発行不能につき、点字読売廃刊に決まる」との見出しに続いて、その経緯が説明されている。戦禍からの復旧作業を「小指の頭ほどの活字を残り火の中、灰の中から一本一本探し」とつづり、無念さがにじむ。点毎紙上でも4年足らずでの廃刊を惜しんだ。

6 盲人も遅れるなかれ——昭和戦中期

「決戦だ　心の眼《まなこ》は鉄壁だ」
「眼を国に捧げた友と大進軍」
「さあ決戦へこの眼忘れて」
「心眼で日の丸仰ぐ総進発」
「見えぬ目で見えない敵を打ち破れ」

これらは１９４２（昭和17）年、戦時下の盲人の決意を表す標語を点字大阪毎日が募った結果、入選した五つである。２７８通の応募があったとされる。

日中戦争が１９３７（昭和12）年に始まり、翌年には国家総動員法が施行された。新聞もその対象で、国家総動員を図る上で支障ある内容で発行することが禁じられていたとはいえ、当時の紙面には、盲人も遅れをなしてはならぬと戦争協力の機運を高めようと後押しをした面も感じられる。

１９４３（昭和18）年1月7日（第１０７８号）、点字大阪毎日は「点字毎日」と改題。翌１９４４（昭和19）年1月15日発行の毎日新聞社報には「点字毎日より」として四つの記事が掲載されている。「〝時局と盲人〟創作募集結果」「愛国百人一首点字解説」「戦盲記点字版」と並ぶ「点図時局地図」の内容を以下に転載する。

西南太平洋において苛烈な戦闘が続けられ日に夜に皇軍の戦果があげられているとき点字毎日では盲目の読者に一層の時局認識を与えるため一月十三日発行号に点図による「西南太平洋時局地図」を添付し大歓迎を受けた。この点図は本社独特の考案になるもので点字毎日編集部員、同印刷部員の共同製作になり苦心の結果完成されたものである。これについて盲導犬によって本社を訪問した失明勇士橋口伍長は次の如く語った。

「最近の烈《はげ》しい戦局は点字毎日紙上やラジオ報道で刻々と指先から、耳から知ることが出来るが、実は失明前の記憶を辿ってようやくニューギニヤ島とかニューブリテン島とかブーゲンビル島などの位置を想像しているのみでした。この点図によって一層明確に時局を把握することができてこんな嬉しいことはありません。一般盲人もどんなに喜ぶことでしょう」

1941（昭和16）年12月に日米が開戦し太平洋戦争が始まると、言論統制はいよいよ厳しくなり大本営発表しか新聞には掲載できなくなった。翌年6月のミッドウェー海戦の大敗北以降は虚偽の発表で占められるようになる。点字毎日で作った点図はまさに、この頃の太平洋戦線を伝えるものであった。

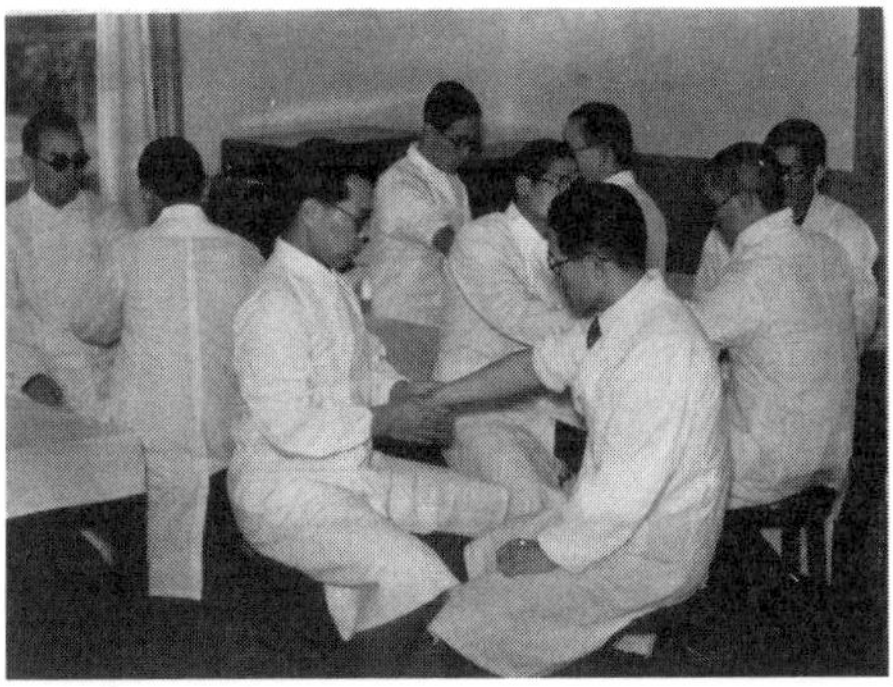

日中戦争で失明した元兵士のマッサージ修業
（東京盲学校で、1941年）

戦地や銃後で支える盲人の姿

点字毎日紙面ではこの時期、傷病兵の中でも失明軍人の再起を支える講習所の動向などを折に触れて伝えている。盲導犬についての記事が紙面に初めて登場したのもその一環であった。国家総動員法が施行されてからは、海軍で三療の施術者として実際に戦場に赴いたり、あんま施術や音楽演奏の奉仕で銃後を支えたりした視覚障害者の姿も伝えている。

持てる能力と技量で国のために貢献しようと銃後で支えた視覚障害者は、献金にも取り組んだ。その象徴といえるのが、戦闘機献納のための募金活動であった。1940（昭和15）年8月31日、「紀元2600年奉祝」を銘打って奈良県橿原市で開いた全日本盲人大会で「軍用飛行機献納基金募集」が決議された。その結果、全国各地から総額4万8520円37銭が寄せられ、完成した艦上戦闘機は、1942年3月29日、大阪の歌舞伎座で開かれた命名式で「日本盲人号」と名付けられた。式の翌日、全国の代表150余人は、奈良県で全日本盲人協力会議を開催。そこでは、冒頭で紹介したように決戦を前にした視覚障害当事者の心の持ち方も協議したとの記録が残る。

岩橋武夫の平和への祈り

この時期の紙面を振り返るとき、上記の会議にも大きく関わった岩橋武夫（1898－1954）の存在に触れないわけにはいかない。関西学院大学の英文学者から盲人福祉事業の実践家に転じた視覚障害当事者である。

その盲人福祉事業は今日の社会福祉法人日本ライトハウス（1922年創立、本部・大阪市）につながる。その起源は、まだ大学生だった岩橋が父親と共に盲人用のエスペラント辞典『点字日エス辞典』を刊行したことにある。当時は「点字文明協会」と名乗っていた。1936（昭和11）年には、アメリカで提唱された「ライトハウス運動」に基づく世界13番目のライトハウスの開館式を大阪の地で開いた。

岩橋武夫（提供：日本ライトハウス）

岩橋は1937年、3年前に米国ニューヨーク郊外の自宅を訪ねて知り合ったヘレン・ケラーを日本に招聘する。4月から8月にかけて日本各地はもとより、当時の朝鮮、満州にも講演旅行へ共に出かけている。

大阪市内に完成し開館式を迎えた“光の家”、ライトハウス（1936年）

日本ライトハウス常務理事を務めた関宏之氏は、このヘレン・ケラー最初の来日について以下のように振り返っている。

「ヘレン・ケラー訪日の目的は、悲惨な状況にあるわが国の盲・ろうの人々に対する社会的関心を惹起し、法体制の整備を確立しようとしてなされた社会福祉的色彩の濃い運動であるとされている。しかし、それは同時に世界大戦を回避しようとするクエーカー教徒を中心とした平和主義者たちの巧妙な企てでもあった」

大阪市中央公会堂で開かれた歓迎会に出席したヘレン・ケラー（壇上左）（1937 年）

１９３３（昭和８）３月に国際連盟から脱退した後、政府間交渉による和平のすべを失った日本において、民間外交で挑もうとしたのが岩橋らのねらいであったと明かす。

彼女の帰国後、日本が戦時体制へと勢いを強めたのは前段で触れたとおり。岩橋とヘレン・ケラーの通信も日米開戦で途絶えてしまう。岩橋は盲人による翼賛体制の先頭に立ちつつも、１９４３年に「愛盲会館」「失明軍人会館」と立て続けに改称されたライトハウスで仕事を続けながら、世界平和を黙想していたとされる。そして戦後、ヘレン・ケラーとの交信が再開すると、互いの信頼関係は決して断ち切られるものではないと確信するに至り、やがて彼女の２度目の来日へとつながる。それが日本の障害者福祉を変える一つのきっかけになるのである。

点字新聞の挑戦④

大野加久二の奮闘

中村京太郎らとともに「点字大阪毎日」創刊に尽力し、中村の意思を継いで、1944（昭和19）年、第2代編集長に就任したのが大野加久二である。日本盲人会連合の結成時には、岩橋武夫会長の下、副会長の一人に名を連ね、1952（昭和27）年、毎日新聞を定年退職後、国立神戸光明寮《こうめい》（現・国立障害者リハビリテーションセンター自立支援局神戸視力障害センター）の教官を経て、兵庫県立点字図書館（現・兵庫県点字図書館）の初代館長となった人物だ。

◆画家を志す

愛知県西春日井《にしかすがい》郡に生まれた大野は学業に秀で、日本で屈指の名門中学を卒業後、画家を志し東京美術学校に入学した。しかし、世界規模で猛威をふるったスペインかぜで失明し、夢を絶たれる。一度は死を考えた大野だったが、教育者の道を目指す。このきっかけについて記すのが、長男・道夫氏による手記『父　大野加久二』だ。それによると、目の治療で入院していた大野の隣のベッドに、花火で目を傷めた子供が運ばれてきた。「この子供が大きくなったらどうなるのだろう」。そう案じた大野が第二の道として選んだのが盲教育だった。

大野加久二

大野はその後、想像もしなかった世界へと導かれていく。教育者を目指して入った東京盲学校師範科に在学中、中村京太郎の目に留まり、点字新聞創刊という事業にかかわることになった。中村42歳、大野24歳、ともに心を熱くして、日本の新聞社史上初となる試みに挑んだ。

◆戦中・戦後を乗り越えて

点字大阪毎日が「点字毎日」となった翌年、編集長に就任した大野は、戦中・戦後の混乱期というたいへんな時代のかじ取り役を担った。特に苦心したのが、物資不足の中での紙の調達だった。不定期発行の時期もあったが、途絶えることなく視覚障害読者に点字新聞を届けた。

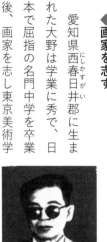

さらに、持ち前の機転をきかせ、GHQ配給の紙を余分に調達し、毎日新聞に回した。

◆先達への敬意と点字への思い

点字毎日時代の大野を知る人は今やほとんどいないが、点毎を離れた後にその人柄や仕事ぶりに間近で接した女性がいる。1975（昭和50）年の兵庫県立点字図書館長就任にあわせて、右腕役に抜擢された吉良洋子《きらようこ》氏だ。

新聞社時代の習慣そのままに、部屋の中央に自身の机をすえた大野の横に座り、書類の読み書きなどをサポートした。電話や訪問者の多さに大野の人脈の広さを実感したという。手引き役として同行した先では、一度耳にした人物の声を忘れない抜群の記憶力に驚嘆させられた。「ご自身の主義主張はしっかり持ちながら、上下の差なくいろいろな人と接し、力になっておられました」と回顧する吉良氏は、大野を「尊敬できるりっぱな方」と話す。そんな大野の好物はうどんとうなぎで「東京に向かう道中、よくうなぎ弁当を買いに走りました」と懐かしく振り返った。

中学時代にキリスト教思想家の内村鑑三の影響を受けた大野は、敬虔なクリスチャンであり、先達者への敬意を重んじる人物でもあった。鈴木力二《りきじ》がまとめた『中村京太郎伝』の発行が決まると出版資金の負担を買って出たといい、人生の先輩に対する礼を最後まで尽くした。1973（昭和48）年の好本督の逝去をしのぶ集いの様子を収めたカセットテープには、終戦直後、大野が横浜に暮らす好本を訪ね、2人で風呂につかったエピソードなどを披露している。「先生」と慕った好本との交流の深さがうかがえる。

点字への思いも深かった。常に「読みよく書きよい点字」を求め、京都ライトハウス創設者の鳥居篤治郎《とりいとくじろう》や私立奈良盲唖学校（現・奈良県立盲学校）初代校長の小林卯三郎《うさぶろう》と「点字研究会」を開き、議論を重ねた。加えて、点字製版技術の開発で毎日新聞社長から表彰を受けるなど、技術面にも明るかった。この他、刑務所で服役中の受刑者に点字を指導したというエピソードもあり、点字を広く社会に役立たせたいという強い思いが感じられる。

初代編集長・中村京太郎に始まった点字新聞は、大野加久二という後継者のもと大きな難局を乗り切り、その後の編集長へと引き継がれていく。

視覚障害者と戦争

1941（昭和16）年に始まった太平洋戦争は、あらゆる資源を総動員した国家総力戦でもあった。当時、すべての国民は戦争遂行のために貢献することが義務付けられ、国の方針に背く者、役にたたない者は「非国民」「ごくつぶし」と呼ばれ、平然と人権が無視されていた。そのような時代に、視覚障害者たちはどのように戦争と向き合っていたのか。2005（平成17）年、点字毎日が戦後60年を機に、散逸する史料や証言を整理した連載「視覚障害者と戦争」から、一部を転載する（年齢、肩書き、施設名などは取材当時）。

1 戦場に赴いた技療手

太平洋戦争中、国民の多くが国家総動員体制の中で前線に、銃後の守りに身を置いた。そうしたなか、視覚障害者の中にも三療の技能を駆使し、「技療手」として国内の病院や航空隊基地、最前線の戦場などに赴いた人たちがいた。

1944（昭和19）年8月3日号の点字毎日の裏表紙に、墨字で「海軍技療手の歌」が紹介されていた。題名の隣には「（この歌は）不自由な身を克服して最前線に出かけ海鷲《うみわし》部隊の勇士たちの疲労回復に奉仕している技療手の歌である」との紹介文が掲載されている。海鷲とは、海軍航空隊の勇敢さを象徴した呼称だ。

その歌詞の4番と5番を紹介すると、

「戦い終えて帰り来る／嗚呼《ああ》海鷲よ安かれと／真心こめし技療もて／微笑みかわす顔と顔／明日の戦果を祈らまし」

「敵を倒してのちにやむ／海国男児の血を受けて／盡《じん》忠《ちゅう》報国誓いてぞ／海軍技療手今ぞ起《た》つ／嗚呼光栄の技療手や」

歌詞からは、技療手も「戦力の一員」として海軍航空隊を支えているという意気込み、自負心のようなものが伝わってくる。

役割を評価し一線に配置

事実、『日本海軍航空史（3）制度・技術篇』（同編纂委員会編、時事通信社、1969年）によると、「搭乗員の健康管理は、その時代としても、また現代に照らしても水準の高いものであった」と総括されている。その具体例の一つとして「航空機搭乗員の疲労回復の一策として、海軍省医務局で多数の按摩《あんま》を逐次召集し、海軍省構内においてある期間の講習を実施した後、彼らを第一線の航空隊に配し、搭乗員の疲労回復に利用し相当の効果をあげた」と、技療手の役割を評価している。

技療手は当初、海軍が軍属として採用したらしい。後に陸軍でも採用している。だが、いつごろ海軍が採用したかなどの記録は防衛庁防衛研究所にも残っておらず、公的文書での裏付けはこれまでのところ取れていない。日本海軍航空史にも「大東亜戦争開戦後間もなく」召集されたことが触れられているだけだ。しかし、当時の点字毎日だけでなく、毎日新聞などの一般紙や、戦後まとめられた関係者や視覚障害者の手記などに「技療手」の名称がたびたび出てくることから、実在していたことは裏付けられる。

では、なぜ技療手が必要だったのか。

当時の戦闘機などには、現代のようにGPS（全地球測位システム）もなければ自動操縦装置、レーダー管制による誘導もなく、座席も人間工学に基づいた快適性は配慮されていなかった。搭乗員たちは一度出撃すると、コンパスを使って目的の方向へ飛びながら往路の航路を記憶または記録する。戦闘で生き残ると、飛んできた方向を記憶や記録を頼りに再びコンパスなどで探りながら戻らなければならず、出撃に際しての搭乗員たちの緊張やストレス、疲労は相当なものであったという。そうした搭乗員たちの疲労を和らげるため、あんま・マッサージ・指圧を施す技療手が必要であった。

志願し、英霊となった人も

一方、視覚障害関係の史料をみると、盲学校の多くで太平洋戦争前から、戦場から帰還した傷病兵士への慰問治療、無医村地域への奉仕治療、工場や農漁村で軍需製品、食料増産にかかわっている人たちへのマッサージ奉仕を行うための慰問隊を組織して活動するなどしていた。また、開業者の団体も同様の活動を展開している。こうした取り組みは、当時の軍部から一定の評価を得ていたようだ。

視覚障害者の中でも比較的視力の良い人たちは、開戦当初から技療手や衛生兵などとして召集されていたようだ。だが、開戦から半年を境に戦況は日本の劣勢に大きく傾いていく。アメリカは日本の前線基地を次々と攻略。もともと資源に乏しい日本は、人・モノが極端に不足していった。そうしたなか、国は一層の戦意高揚を訴え、視覚障害三療師や盲学校生たちの中には「少しでも戦況を挽回させる一助になれば」と、技療手や衛生兵に積極的に志願する者が増加した。戦争も半ばを過ぎた頃からは、技療手の名称が一般の新聞にもたびたび登場する。

こうした技療手の流れを、当時の点字毎日から拾うと、大まかには以下の通りとなる。

1943（昭和18）年4月「東京鍼按《しんあん》師会では海鷲の戦力回復のため、海軍航空本部にマッサージ従軍を志願していたが、このほど許可されて5月、120人が選ばれて軍属となり、南方基地へ挺身することとなった」

同年12月「大日本盲人会支部長会議ならびに大日本鍼灸按マッサージ師会師会長会議が東京・駿河台の日本医師会館で開催。技療手を全国より募集して練成講習会を開き、第一線慰問隊を派遣するなどの決議を採択」

同月「東京鍼按師会は海鷲の疲労回復にと海軍技療手の養成に務めていたが、ようやく海軍当局の認めるところとなり、山形、福島、栃木、茨城の諸県から選ばれた○○（伏せ字）人を技療手として訓練」

1944年2月「陸軍でも技療手の成果を認め、陸軍航空本部より海軍技療手訓練所に対し、陸軍技療手養成方を正式に委嘱」

同年8月「東京・神田の海軍技療手訓練所は、第一線

航空基地にあって、海鷲の疲労回復に挺身せる技療生にも名誉の戦死者5人を出すにいたり、同訓練所内に技療生の英霊を奉る技療神社を建設」

1945(昭和20)年2月「東京・神田の海軍技療手訓練所は、世田谷区玉川に移転」

血書をしたため志願した人も

技療手として陸海軍の航空隊に配属された経験者を見つけ出すことはできなかった。だが、当時の新聞や記録、当事者の手記などから技療手の一端を浮き彫りにしながら、海軍病院で働いていた経験者の証言を元に、当時の状況を振り返る。

技療手となるには大まかに、①召集に応じた後、衛生兵として配属、②1943年に設置された技療手を養成する訓練所に軍属として採用された後に航空隊基地に配属、という道があったようだ。

このうち、海軍技療手の募集要綱をみると、応募可能者は18〜35歳までの「按摩マッサージ師免許証所持者」。「体格検査」に合格した人は3カ月間、「東京都内の一定場所」で訓練を受けた。勤務地は「内地および外地の主として陸上」で、身分・待遇は「海軍軍属とし、月収85円(戦地は倍額)」。「視力・矯正両眼とも0・3以下のもの」などは「不適格者」とされた。

戦況が悪化していくなか、各地の盲学校在校生や卒業生は技療手募集に積極的に呼応する。なかには、視力が0・2の有資格者が受験して不合格となったが、再三、血書をしたためて採用された人もいたという。

訓練所の生活はどうだったのか。当時の新聞によると、入所者は毎日朝6時から夜9時まで休みなく、軍事訓練、学科技術、音感教育などを受けた。元京都府立盲学校(以下、京都府盲)教諭の竹内勝美さん(故人)も手記で訓練の様子を紹介していた。訓練所は東京の水道橋近くのキリスト教会で、講堂に50人ほどが寝泊まりをしていた。訓練は「最初は落下傘の訓練であった。高い所からの飛び降り、ショックを和らげるための回転から始まって、ワイヤーで吊り上げ、秒速3、4米《メートル》という速度で落とす。みんな目が悪いから地面への到着時間を的確に把握できず、足腰を痛めるものが続出した」。3カ月後、それぞれ任地へ向かう。竹内さんは横須賀航空隊に配属されたが、「外地に派遣されて船が沈められ死んだ仲間も沢山いる」と記していた。

1944年になると技療手にも進級制度が設けられた。8月24日号の点字毎日によると、訓練所にいる間は技療手と呼び、卒業すると二等技療手、一等技療手、技療士、技療士長へと進級の道が開かれた。技療士からは「判任（明治から終戦までの官吏の身分上の等級）待遇」だった。

元技療士の証言

一方、海軍病院にも技療手がいた。奈良県視覚障害者福祉協会の醍醐《だいご》照三《しょうぞう》会長（78、全盲）によると「私が舞鶴海軍病院に勤めていたときは、技療士と呼ばれていました」。醍醐さんは、1945年3月、京都府盲鍼按科を卒業。「当初は東盲（東京盲学校）師範部を受験するつもりでしたが、戦争が激しくなり断念。学校の推薦もあって舞鶴へ行った」。当時の視力は0・03前後だった。

京都府盲には戦前から、舞鶴海軍病院から病院長名で校長あてに「マッサージ施術者斡旋方ノ件」という求人依頼があり、1941年6月16日付の依頼文が今も残っている。その内容は、入院中の戦傷病者に加療上必要があり、卒業者もしくは修業者でマッサージ施術の技量を持つ人材を、至急あっせんしてほしいというもの。ちなみに月収は65円程度であった。このような求人依頼が醍醐さんの卒業前にも届き、試験を受け合格した。

当時の舞鶴海軍病院はすべて木造2階建て。17の病棟、管理棟、職場となった「理学的」と呼ばれた庁舎、診療棟などから成る大型病院だった。理学的庁舎には、マッサージ室やレントゲン室、全身浴、座浴、電気治療などの設備があった。

醍醐さんは「4月2日08時着任」の命を受け、トランク片手に管理棟内務主任室へ。ところが、部屋に入った途端、空襲警報が鳴った。中にいた人たちは一斉に避難し広い部屋に1人取り残された。30分後、解除になって、さっそく職場へ配属された。職場には京都府盲出身の先輩2人がいて、その日から治療を始めた。勤務は、午前中にマッサージ室まで来られる患者を、午後は病棟へ出向き重度の患者を治療。休暇は2週間に1日だった。軍港だけに、2日に1回のペースで空襲があった。

一番多く施術したのは貫通銃創の患者。「傷は治っているんですが、骨と筋肉、筋肉と皮膚とが癒着して、その部分が動かんのですよ。そこでマッサージして癒着を剝離《はくり》して動かすようにしたんです」。そうした醍醐さんが、いまも記憶に残っている患者がいる。1人は「従兵を従えてマッサージ室に通っておられた右大腿部以下を切断した大佐。言葉遣いが丁寧で、退院したら海軍衛生学校の校長になると言ってました」。もう1人は「重傷病棟にいた人で、立派な体格でしたが、外傷はないのに口もきけん、全身がまひしたのか動かない。その人にもマッサージをしました。その後、あの方はどうされたんでしょうか」。60年前に思いを馳せた。

海軍病院に勤務後、3カ月半で終戦。醍醐さんはその1週間後、復員した。その後、仏眼鍼灸理療学校、東京盲学校師範部を経て、奈良県立盲学校で教員を勤めた。

2 銃後でも戦争に奉仕

戦時下の日本には、視覚障害者を含め、すべての国民が自らの意思とは関係なく、何らかの形で戦争と向き合い、かかわり、貢献せざるを得なかった状況があった。その一つの代表的な例が、献金、貯蓄、国債消化だった。

1940（昭和15）年は、日本国中が紀元2600年の祝賀に沸いた年だった。同年8月末、奈良県橿原市で「紀元2600年奉祝全日本盲人大会」が開催された。この大会では、記念事業として「軍用飛行機『愛盲報国号』を全日本盲人の名において献納すべく基金運動を実施する」とした「軍用飛行機献納基金」活動に取り組むことが決議された。

軍に飛行機を献納する取り組みは、1932（昭和7）年頃から始まっていたという。こうした取り組みは、「銃後の守り」を担う国民としては当たり前のような風潮が定着していた。自治体ごとに住民が率先して行った募金や、企業、軍需工場従業員、在郷軍人会、学校単位、さらに財力のある個人などが継続して行った数多くの献金が集められ、戦闘機や偵察機などの軍用飛行機が

盲導犬を連れ、献金募集に立つ

つくられていった。全日本盲人大会で、軍用飛行機の献納を決議したのも、当時の機運からいって当然の成り行きともいえた。

献納が決議された後、全国の視覚障害者組織は全力で募金活動に取り組んだ。その結果、当時の日本の占領地に住む視覚障害者からの募金も含めて、締め切りの1941年には総額4万8520円37銭が集まった。同年は、6大都市で米の配給制が始まった年。米10キロの価格は当時、3円25銭と言われ、この価格からみても、視覚障害者たちの熱意のほどがうかがえる。

募金でゼロ戦を献納

1942（昭和17）年3月、大阪の歌舞伎座で命名式が行われた。献金によりつくられた飛行機は、航空母艦への発着も可能な海軍の艦上戦闘機（ゼロ戦）。名付けられた機体名は「日本盲人号」（第619号）だった。献納者には記念として、はがき大の日本盲人号の写真が配布されている。写真にはエンジンを全開にプロペラを回し、車輪を出したままの日本盲人号が海上を飛ぶ姿が写されていた。

しかし、これには一つの仕掛けが施されていた。ゼロ戦は当時、日本海軍が生んだ新鋭の戦闘機。それ以前の主翼の下に固定した車輪をつけたタイプではなく、機体に車輪を収容できる引き込み脚

全日本盲人大会で献納したゼロ戦「日本盲人号」

の方式をとっていた。しかし、軍は新鋭機の性能を少しでもカムフラージュするため、わざと固定脚のようにみせかけたのだ。

さて、戦争を継続するには、膨大な費用がかかる。国はことあるごとに貯蓄、献金を国民に促した。1944年2月10日号の点字毎日にも「昭和19年度の国民貯蓄目標は350億円とあきらかにされた。この貯蓄目標達成は直ちに国債消化資金となり、それが飛行機となり軍艦となり戦車となり大砲となって、敵米英撃滅の戦力となるのだ。(略)この御奉公は我々盲人にとって最も手近に出来る御奉公であることを知らねばならない。前線の戦果に遅れをとるな。我々も必勝を期して貯蓄の大戦果を挙げよう」という呼びかけが掲載されている。

貯蓄を奨励する呼びかけは、太平洋戦争前後から一般の新聞にも頻繁に掲載されるようになった。この時代を生きた視覚障害者は口をそろえて「貯蓄に励んだり、国債やマメ債権を買ったり、献金(の要請)は常にありました」と証言している。ただ、こうした社会の機運は、うがった見方をすれば「戦力にならない者は、黙って労働力や金を提供しろ」と言わんばかりのようにもとれる。

飛行機以外の風変わりな献納品としては、1941年に佐賀県杵島《きしま》郡の鍼灸師会の会員が「(39年以来)うさぎを飼育し、毛皮を献納した」ことが当時の点字毎日に紹介されている。

活発だった産業報国あんま

このほか、戦争とかかわらざるを得なかった事例としては「産業報国あん摩(産業奉仕あんまなどとも呼ばれた)」「兵器増産」「慰問治療」「音楽報国」「食料増産」「疎開分散」「思想謀略戦・神経戦」など数多くあった。

このうち、「産業奉仕あん摩(産奉あん摩)」について『視覚障害教育百年のあゆみ』は次のように紹介している。「産奉あん摩とは、工場などの生産従事者に対し奉仕的に行うのに適したあんまという意味で、その性格上、手軽に短時間で多数の人に施術できるということが必要であった。そうした条件を満たすために施術方法にも考慮が払われ、運動法に重点を置きながら12分で一応全身の施術を終え、後の3分で特に必要な局所を施術して、15分で終了するように工夫されていた」という。急速に普及し、盲学校での指導のほか、各地で講習会も開かれたという。

また、岸博実氏の論文「視覚障害者と戦争」（障害者問題研究、1984年）にも産業報国あん摩について「課業をさいて近隣の工場に出向くことはどの盲学校でも行われていたと考えられる。本校の当直日誌や教務日誌にも随所に産報あん摩実施、産業報国デーと記載されている。こうした奉仕活動は1938年頃から活発になっていた。いうまでもなく、日中戦争の長期化に対応して打ち出された国家総動員法の影響である」と紹介されている。

3 兵役と徴兵検査

近代日本が兵役を制度として初めて定めたのは、1873（明治6）年の「徴兵令」である。兵役とは文字通り、法律に定められた一定の年齢に達した国民が、一定の期間、兵士として強制的に軍務に従事することをいう。当時、英仏・ロシアなどが植民地を求めてアジアへ触手を伸ばしていた。国を守るための軍事力を早急に整える必要に迫られていた明治政府は、軍の人的充実を図るため、一定の年齢のすべての男子が兵役に就くことを義務付けた。

その後、1889（明治22）年の大日本帝国憲法（明治憲法）の制定を機に、徴兵令は正式な法律となり、1927（昭和2）年には全面改正され「兵役法」が制定、1945（昭和20）年の終戦まで続いた。

当時の男子にとって、兵役は納税と同じく「臣民」として果たすべき「主要義務」であった。また、昭和になると、「兵士になれない男は一人前とは言えず、不忠義者。役立たず」という社会通念が定着する。多くの男子は、成人すれば兵士として奉公することが「当然の務め」であると、純粋に、また自然なこととして受け止めていた。

国は、国民の中から兵士に適した人材を徴用するための選別方法として、徴兵検査を行った。満20歳に達した男子には、「徴兵検査通達書」が送られ、指定された日時に検査を受けなければならなかった。検査を受ける年齢は、1943（昭和18）年末には満19歳に引き下げられる。

免除を「潔し」としなかった人も

検査内容は、身長、体重、視力、聴力、胸部レントゲン、性病の有無などのほか、簡単な口頭試問もあった。その結果は、兵役法32条と同法施行令68条の規定により、甲種（現役ニ適スル者）、乙種（同）、丙種（国民兵役ニ適スルモ現役ニ適セザル者）、丁種（兵役ニ適セザル者）、戊種（兵役ノ適否ヲ判定シ難キ者）の5段階に分類された。

現役対象は甲種と乙種だが、丙種と判定された人も、太平洋戦争以降はその多くが徴兵され、戦場へと駆り出されている。また、戊種に該当するのは、犯罪人や病気療養者などの理由で兵役に適しているかの判断が難しい人たちで、翌年に再検査が行われた。

一方、丁種に該当するのは、主に障害者たちだった。「兵役ニ適セザル者」とは、「身長145センチ未満」の人や「疾病や身体または精神に異常」のある人を指し、同法施行令68条3項で、盲、聾、唖者のほか、癩《らい》（ハンセン病）患者や精神障害者など、具体的な対象者を示した。

また、兵役法35条で、視覚障害者の場合、「両眼盲（眼前三分ノ一メートルニ於テ視標〇・一ヲ視別シ得ザルモノ）」の者は兵役免除とされていた。

つまり、一定の身長があり、身体能力や精神状態に問題がなければ、好むと好まざるとにかかわらず兵士として徴用され、「一人前の男子」と認められるが、丁種に分類されると「役立たずな存在」というレッテルを張られてしまうのである。それだけに、幼い頃から軍を賛美する社会風潮や教育の中で育った視覚障害のある若者の中には、免除手続きはもとより、徴兵検査に不合格となることを「潔し」としなかった人も少なくなかった。

戦前の点字毎日は、あえて徴兵検査に臨んだ視覚障害者の動向をいくつか記録している。

1926（大正15）年10月7日号には、富山県の21歳の視覚障害者が「盲目のため徴兵検査に不合格となったのが悔しく、青年訓練所（軍事教練を主体とした訓練を行う教育機関）へ一日も休まず熱心に通い、富山連隊司令部から表彰される」。また、43年7月22日号では、徴兵検査に不合格となった愛媛県の23歳の視覚障害者が「盲目のため前線へ行って働けぬのを残念に思い、多度津沖で汽船から投身自殺を図ったが、幸い助かった」といった記事がみられる。

後者の事件は波紋を呼び、次号で高松連隊区司令官が「この種、悲惨事は国家を思う人のたどる道ではない。戦傷のため一挙にして失明した勇士の大部分も、一時は生の無意義に思い至って、しばしば無常感に直面するが、再思・再考し、光明を闇に求めて奮然再起、奉公に更生している。失明者は特殊の技能・感覚を生かせば、報国の道はいくらもある。銃をもって戦いに臨むのみが決戦段階に直面する報国の道と考えるものがあるとせば、大いなる誤謬である」と呼びかけている。

こうした記事や当時の社会風潮、盲学生たちの弁論大会での主張内容などから考えると、当時の視覚障害者の中に兵役を一種の「社会参加」の一つと位置付け、あえて徴兵検査を受けた人が少なからずいたようだ。

検査に臨んだ視覚障害者

国際視覚障害者援護協会理事長の直居鉄《なおいてつ》さん（79、全盲）も、当時は純粋に「国の役に立ちたい」との思いを抱いていた一人だった。しかし、直居さんの場合、自ら進んで徴兵検査を受けたのではなく、健常者と同じく「徴兵検査通達書」が届き、検査に臨んだ。

直居さんは1926（大正15）年、4人兄弟の二男として東京に生まれた。先天性の弱視で、小学校3年までは普通の学校に通ったが、4年からは麻布の南山小学校の弱視学級で学んだ。

「物心ついた頃から日本は戦争をしていて、当時は普通のことと受け止めていました。遊びも、近所の友達と戦争ごっこをやっていましたよ。その頃のガキ大将には、いい男たちがいてね。目が悪いのを承知のうえで、それなりに仲間に加えてくれました」

一方、直居さんの父は、目が少しでもよくなればと海軍から肝油（ビタミンAやDを補給する栄養補助薬）を手に入れてくれた。「肝油を飲み、遠いところを眺めれば、目がよくなるだろうと思ったんですがね……」

小学校卒業後、進学を希望するが「軍事教練があるので、普通の中学には入れず」に、東京盲学校中学部に入学。そして1941（昭和16）年、太平洋戦争が始まった。「軍事教練はなかったけど、翌年から毎月8日が大詔奉戴日（開戦記念日）となり、靖国神社まで行進させられました」

その頃になると、幼い時に遊んだ友達の中に、徴兵とは別に志願して少年兵になった人もいた。また、同い年の従兄弟が海軍の予科練に入り特攻隊員になった。「何だか取り残されたような気がして、彼らがうらやましかった」と振り返る。

盲学校では、敵機の侵入を察知する防空監視をしたり、勤労動員に汗を流したりもした。しかし、戦況は徐々に悪化。1944（昭和19）年10月、盲学校は富山県の宇奈月へ疎開した。その直後、先生から徴兵検査の通知が届いたとの知らせを受けた。「同級生には年上の弱視の人もいましたが、検査を受けたなんて話を聞いたことはありませんでしたね」

人間の価値を決めた徴兵検査

1945年2月、直居さんは東京へ戻り、千代田区役所で行われた徴兵検査に臨んだ。

「講堂には300人くらいいたのかな。受付で申告すると、他の人たちとは別の列に並ばされました。そこには何か事情のある人なのか5、6人並んでいて、丸く白い紙の札をつけられました。番号は232。今も覚えています」

検査は、ふんどし一つになって受ける。「もちろん、目の検査も受けました」。当時の視力は0・1。検査後、係官は「そうか」としか言わなかった。

検査が終わると、総指揮官の前へ一人一人進み、「甲種合格」「乙種合格」などと結果を言い渡され、復唱しなければならない。

順番を待つ間、「兵士になれないとあきらめていたが、検査の通知が来たくらいだから、最後には技療手として働けとか何とか言ってくれるのでは」と、期待を膨らませた。

ところが、総指揮官に告げられたのは「直居鉄、丁種合格」。さすがに大声で復唱する気になれず、しばらく首をうなだれていた。

「すると、大佐だったと思うのですが、立派なひげを生やした総指揮官が『もういいから』と言ってくれ、『目が悪くても点字があるんだから、盲学校でしっかりお国のためになることを勉強しなさい』って帰してくれたんです」

直居さんは当時を振り返り、こうも付け加えた。

「この大佐の一言で、僕はその後、やけにならずにすんだのかもしれません」

「兵士となって一人前」という安易な人間の価値基準を根付かせた兵役制度。戦前の日本社会で、障害者差別を助長する大きな要因ともなった。そして、それは視覚障害者以外にも多くの人々を翻弄した。

4 かなわなかった集団疎開——激戦下の沖縄(1)

太平洋戦争末期、沖縄では一般市民を巻き込み、日米両軍が激しい地上戦を繰り広げた。約3カ月にわたる戦闘の死者は20万人強を数え、4人に1人の沖縄県民が犠牲となった。その熾烈《しれつ》さは「鉄の暴風」ともたとえられ、降り注いだ米軍の砲弾や銃弾は、1平方メートルあたり数発以上といわれる。激しい戦火の中、沖縄の視覚障害児・者はどのような状況に置かれていたのか。その一端を探った。

判然としない盲児たちの疎開

1945(昭和20)年7月21日付の点字毎日に「安否を気遣われていた沖縄県立盲学校の消息が7月1日付、校長・高橋福治氏より点毎あて寄せられた便りによって初めて判明した」で始まる記事が掲載された。要約すると、沖縄方面の戦局が緊迫化し、沖縄県立盲聾唖学校(以下、沖縄盲)も県の命令で疎開することになり、高橋校長が疎開先を確保するため2月下旬、先発して宮崎県へ向かった。しかし、その直後、沖縄周辺には多数の米軍艦が集結し、残された職員・生徒は疎開しようにもできなくなった。そして、記事は「（職員・生徒たちは）沖縄島死守のためよく敢闘して、ついに皇土護持の尊い犠牲となった」と結ばれていた。

だが、いくつかの疑問がわいた。なぜ、沖縄盲の疎開は3月末の沖縄戦が始まる直前まで行われなかったのか。残された児童・生徒たちはどうなったのか。そこで、まずは当時の沖縄盲の状況をもう少し詳しく探ってみることにした。

那覇市のメインストリート国際通りから南東に分かれる松尾消防署通りのなだらかな上り坂を150メートルほど歩くと、左手に沖縄県視覚障害者福祉協会のビルが建っている。住所は那覇市松尾。同協会長で元沖縄盲教諭の山田親幸さん（71、全盲）に60年前の盲学校の場所を尋ねると、「この地に、沖縄県立盲聾唖学校の盲部があった」と教えてくれた。

沖縄盲は1920（大正9）年3月18日、初代校長となる高橋福治（全盲）が出身地の宮崎から単身、沖縄へ渡り、那覇に降り立ったその日から歴史を刻む。翌年、那覇市天妃《てんぴ》町に前身となる沖縄訓盲院を設立し、松尾に移ったのは33（昭和8）年。その後、学校は40（昭和15）年に県立代用校となり、43（昭和18）年には県立校となった。

その頃、米軍はサイパン島攻略に続き、フィリピン・レイテ島に上陸を開始し、戦火は日増しに日本本土へと近づいていた。1944（昭和19）年7月、政府は「沖縄方面での戦闘の可能性大」として、奄美大島、沖縄本島、石垣島など南西諸島の「老幼婦女子」を、「本土」または台湾へ疎開させるよう決定。これを受けて沖縄県は、国民学校の初等科3年から6年までの希望者と「付き添いがいらないと認められる初等科1、2年生」の学童疎開を各校に通達した。

疎開事業は8月22日、対馬丸が米潜水艦の魚雷攻撃を受けて沈没した

沖縄戦でがれきと化した首里の街（1945年）

ことを受けて、一時は足踏み状態となる。しかし、10月10日、突如米軍機が襲来。延べ約900機が空襲を繰り返し、那覇の約9割の建物が焼失した那覇大空襲（10・10空襲）を機に、疎開機運が再び高まった。そして、45年3月までに「本土」へ約6万人、台湾には約2万人が疎開した。

奇跡的に残った校舎も焼失

では、沖縄盲への疎開命令はいつあったのか。山田さんによると「当時の資料がほとんど残っておらず、44年時点で県から命令があったのか、なかったのかは断定できません。しかし、少なくとも初等部の子どもたちは、10・10空襲の前までに高橋校長の判断で各家庭に帰し、空襲の時に学校に残っていたのは中等部の生徒と教職員だけでした」と語る。

さらに、沖縄盲創立50周年記念誌や各種資料などを総合すると、1944年末に東京へ出張に出かけたまま沖縄へ戻らなかった前知事に代わり、45年1月31日に内務官僚の島田叡《あきら》知事が赴任。島田知事は着任早々の2月初め、同校に疎開命令を出した。高橋校長はこれを待っていたように、毎年3月18日に行っていた卒業式を2月11日に繰り上げ、15日には疎開先確保のため、宮崎へ向かった。高橋校長は一方で、沖縄の戦況が日増しに逼迫するなか、44年末頃に家族を郷里の宮崎へ避難させている。

こうした経緯から、もし44年に高橋校長が疎開命令を受けてさえいれば、子どもたちをすぐに疎開させていた可能性がある。45年まで疎開をしなかったということは、命令は45年2月初旬が最初であったことが考えられる。しかし、いまとなっては推測の域を出ることはない。

さて、宮崎へ向かった高橋校長は、沖縄を出て約10日後に宮崎県延岡市にたどり着き、受け入れ準備を整え、子どもたちを呼び寄せようと沖縄へ連絡を試みるが、すでに電話や電報も通じない状況となっていた。また、10・10空襲では奇跡的に焼け残った校舎も、3月末の空襲で焼失。沖縄県立盲聾啞学校は事実上、閉校となった。

戦後、「本土」の盲教育は比較的すぐに再開されたのに比べ、沖縄は特殊な政治状況下に置かれ、那覇市首里に沖縄盲聾啞学校が再建されたのは、6年後の1951（昭和26）年4月であった。現在の沖縄盲は81（昭和56）

年、那覇市の南東に隣接する南風原《はえばる》町に移転し、現在に至る。

同校の同窓会名簿を見ると、沖縄戦当時に在学または卒業した何人かの備考欄には「S20年在学死亡」と明記されていた。しかし、山田さんや同校によると、沖縄戦で何人が亡くなったのか、60年経ってもなお正確な人数は把握できないままだという。

戦火を生き抜いた全盲児の証言

沖縄戦当時、沖縄盲聾唖学校初等部に在籍し、「鉄の暴風」の中を生き抜いた親泊宣一《おやどまりせんいち》さん（73、全盲）を訪ねた。親泊さんは現在、那覇市の沖縄県視覚障害者福祉協会の事務所近くで、あんまマッサージ指圧治療院を営んでいる。親泊さんが生まれ育ったのは、沖縄県南部の東風平《こちんだ》町。幼い頃は「ウーマクー（やんちゃ）」な子どもだったという。5歳の時、左目近くのできものを手術で取り除いたが、術後経過が悪く両目を失明。このため国民学校へは入学できず、沖縄盲聾唖学校初等部へ入学できたのは、同校が県立に移管された1943年春のことだった。

「勉強ができ、友達もできると思うと、本当にうれしかった」。月曜から土曜まで寮生活を送り、土曜の夜から月曜の朝までは実家で過ごした。「親元から離れても特に寂しいという思いはなく、点字もすぐに覚え、そろばんが一番楽しかったですよ」と振り返る。

だが、楽しかった学校生活は、長く続かなかった。

「まさか、沖縄に戦がくるとは思ってもいなかった」。1944年10月10日の那覇大空襲。戦局の異変と悪化を直接、肌で感じた。

「あれは、確か火曜日でした。週明けに何かの用事があって、1日遅れで登校しようとしたんです。そしたら、飛行機がブンブンとたくさん飛んで、遠くで高射砲がドンドンと破裂する音が聞こえたんです」。すぐに防空壕へ避難した。空襲後、初等部児童は自宅待機となった。

7月には沖縄県が国民学校児童の疎開を通達していたが、親泊さんは「晴眼の子どもたちへの疎開話は聞いたことがあるが、私たちへの疎開命令はなかった」と証言する。

銃弾の雨の中、恐怖と闘う

1945年3月末、米艦隊による本格的な沖縄本島への艦砲射撃が始まり、4月1日には米軍が上陸を開始した。「米軍が首里へ来たあたりから至近弾が多くなり、さらに敵が近くまできたら、バリバリ、ダダダダ……と耳をつんざくような機関砲や機関銃など、いろんな音が聞こえるようになりました」

親泊さんは親類9人と、昼間は防空壕の中で息をひそめ、夜は米軍に追いたてられるように逃げ惑う生活が始まった。

その防空壕も、2度直撃弾をくらった。「私はいずれも壕の奥にいて、けが一つありませんでしたが、亡くなった人とまる1日過ごしたこともありました」

移動は、夜といえどもまったく安心できない。「ポンッと照明弾が打ち上げられ、動く影があれば狙い撃ちされる」。そんな戦場で、目の見えない者が取り残されることは、死を意味する。親泊さんは、母カメさんの着物の帯を左手で力いっぱい握り締め、はぐれないよう必死について行った。まさに「命綱」だった。

「爆弾が落ちると、破片が『ピュー、ピュー』と風を切って周囲に飛び散るんです。逃げる途中、母がトイレとかで私一人で待たされるときがありました。その間も、銃弾や爆弾の破片が体の周りを横切って……。時間的には短かったんでしょうが、いつ自分に当たりはしないかと」と、当時の恐怖を振り返った。

また、全盲の親泊さんには周囲の惨状が分からない。ある日、母親に「なんでこのへんはイカのくさったにおいがするかね」と聞いた。すると母親は「イカじゃなくて、たくさんの人が死んでいるにおいだよ」と答えた。

逃避行が終わったのは6月21日。米軍に追い詰められてたどり着いた糸満市新垣《あらかき》の壕でのことだった。米軍に壕から出てくるよう説得され、入り口で並ばされた。「捕虜にとられると、女はいたずらされ、男は海に捨てられ魚のエサにされるとか噂で聞いていましたから、怖かったですよ」

米軍の捕虜収容所に入れられたときには、肺炎にかかっていた。高熱の中で、「防空壕で直撃弾をくらって死んでいった人たちの声が聞こえるようで、意識がもうろうとして……」。

戦後、沖縄で盲教育が再開されたのは6年後だった。

親泊さんは復学のタイミングを失い、2年足らずの間で覚えた点字をもとに勉強し、マッサージの資格を得て生業とした。戦後に三線《さんしん》を習い始め、1970年に師範の免許を取得し、多くの弟子を育ててきた。

5 「鉄の暴風」下の恐怖 ―― 激戦下の沖縄(2)

沖縄戦は、多くの人命を奪っただけでなく、心身を傷つけ、恐怖を植え付けた。

宜野湾市に住む比嘉《ひが》敏枝さんは当時16歳。沖縄本島北部の屋部《やぶ》村（現・名護市）で3男3女の二女として生まれた。1歳半の時、はしかがもとで失明し、学校へは通えなかった。

盲聾唖学校の存在は知らなかった。「学校へ行きたくて仕方なかったですよ」

弟たちが学校から帰って教科書を読んでいると、そばでじっと聞いて暗記した。翌日、母が畑に出、姉や弟たちが学校へ行くと、一人で「学校ごっこ」をした。九九も一人で覚えた。母に代わり、子守りや家事をこなした。目の見えない女の子が完璧に洗い物や掃除、洗濯、アイロンがけもすると、近所の評判になった。

だが、平穏な日は長く続かなかった。

周囲は不気味な「悪魔の音」

1944（昭和19）年の10・10空襲のとき、初めて戦争を身近に感じた。「屋部の沖にたくさんいた日本の船めがけて敵機が機銃を撃ち込む音は、防空壕の中まで聞こえました。その音がすごく怖かった」と振り返る。

翌年3月末、米軍は沖縄本島や周辺の島へ艦砲射撃を開始した。警防団の勧めに従い、北部の山へ逃げた。すでに、父は防衛隊、すぐ下の弟は鉄血勤皇隊にとられていた。母は祖父母を連れ、比嘉さんは一番下の弟を背負い、妹に手を引かれての逃避行。「日本軍の陣地に向け、私たちの頭の上をビューッて不気味な音をたてて艦砲射撃の砲弾が飛んでいきました。自分のところに落ちはしないかと、生きてる気がしなかったです。その音は、いまも忘れられません」

音には敏感だった。米軍は夜間、照明弾を発射する。「ポンというやわらかい音。最初、何の音だろうかと反射的に立ち上がったんですが、母が『アメリカに見つかったら、みんな死ぬよ』と私をつかみ伏せさせました」。飛行機の音は「友軍機よりも敵機の方がややわらかい音だった」という。しかし、いずれも人を殺傷するための「悪魔の音」だった。

命がけで戦火を逃れる一方、「食べる物がなかったのもつらかった」という。「ソテツも食べました。そのまま食べると中毒になるので、発酵させた後に水洗いして。みじめでしたよ」

米軍が村を占領すると「時々、兵隊が避難先へ姿を見せ、女を襲うようになった」。そのたび、成人女性は山へ隠れる。比嘉さんは体が小さかったため難を逃れたが、戦火とは別の恐怖を体験した。そのうち、米軍は避難先の家を焼き払い、比嘉さんたちは収容所へと追いたてられた。

戦後、盲聾唖学校の再建とともに、念願の学校へ入学できた。卒業後はキリスト教会の神学校で学んだ。現在、夫と2男1女、孫8人に恵まれ、「いまは、とても幸せです」。初めて表情を和ませた。

突然の衝撃で光失う

宜野湾市で治療院を開業する神谷《かみや》康子さんは当時、晴眼者だった。

義務教育を終え1943(昭和18)年4月、那覇市にあった沖縄文化服装院に入学。翌年から、陸海軍の兵士のズボンや上着を修繕する仕事に従事させられた。10・10空襲後、宜野湾の球《たま》部隊(独立混成第44旅団)に軍属として配属。その後、石部隊(第62師団)に編入され看護要員となり、応急手当の講習を受けた。

米軍が上陸を開始した4月1日は、石部隊の機関銃中隊の陣地にいた。戦闘が始まるまでは軍の炊事場へ中隊の食事を取りに行く「飯あげ」、水くみ、弾磨きが主な仕事だった。上陸の様子は陣地から見えた。「北谷《ちゃたん》の浜辺に上陸用船艇がたくさん来て、沖合には島のように艦船がたくさん浮かんで、包囲するようでした」

地上戦が始まると、水くみなどは夜に行った。ある夜、神谷さんは仲間の看護要員と斥候《せっこう》の兵士らで水くみに出かけた。頭上の聞きなれない音に思わず伏せた。2メートル先に着弾した。照明弾の不発弾。初めて恐怖を味わった。また、別の夜には、沖合に集結していた敵艦船めがけて特攻機が突っ込んでいく様子も目撃した。「特攻隊が来てくれたら、負けるとは思わなかった」

しかし、米軍は続々と無傷で上陸してくる。陣地は包囲され、1週間ももたなかった。手や足、肩を怪我したり、腹から内臓が飛び出たりした負傷者などが次々と運び込まれ、「昼も夜も分からないほど治療に追われた」。

7日、首里へ向かうよう命令を受けた。苦労して首里へ向かったが、そこも戦闘が激しかった。その後、浦添《うらそえ》、南風原、糸満へと南へ移動。命がけで糸満に着いたが、すでに多くの避難民らがいて、身を隠す壕がない。

そして、6月22日の朝を迎えた。場所は真壁村（現・糸満市）伊敷《いしき》の壕。大勢の避難民らであふれた壕の入り口に、神谷さんは座っていた。すると近くで足音がした。

神谷さんは身を隠すようにしゃがみこんだ。米軍兵士だ。最初は1人だった足音は次第に増え、こちらの様子をうかがっていた。と、間もなく手榴弾のようなものが投げ込まれた。「私には火が飛んでくるように見えた」。視力を奪われる最後の光景だった。次の瞬間、「思いきりビンタされたような感じ」がして、神谷さんは壕の外へ飛ばされた。

気がついたときは担架の上。首から上をやられていた。「助かったけど、あのときは死んだ人がうらやましかった」

戦後、父から盲聾唖学校の存在を聞き、1951（昭和26）年に速成科へ入学した神谷さん。卒業後、東京の国立東京光明寮でも学び、58（昭和33）年に沖縄へ戻って開業した。「戦争で目は見えなくなったけど、点字と出会えたからこそ、東京へ出て勉強しようと思えたし、その後の人生を開いてくれた」

第Ⅱ部　戦後から昭和後期まで

7 インフレに踊らされ――戦後の混乱期

太平洋戦争が終結する直前の1945（昭和20）年7月、週刊で発行していた点字毎日は1日、11日、21日発行の旬刊となった。8月1日号からは、1部30銭に定価を改定した。そして、日本の降伏。敗戦処理のための巨額の財政支出と極端なモノ不足で、日本は激しい物価の上昇に見舞われる。点毎の定価もたびたび改定され、1947（昭和22）年12月に週刊発行に復帰した時には1部10円となった。1951（昭和26）年には1部20円となり、ようやくこの価格でしばらく落ち着く。終戦時の0・3円から実に66・7倍。まさにインフレの状態であった。1954（昭和29）年に、日本点字図書館から点字学習書『点訳のしおり』の初版が発行されている。当時は30円。今の価格は590円（税込）だ。点字毎日は当時1部20円で、今が400円。ほぼ同じ水準である。

鍼灸存続をかけた運動

さてこの頃、視覚障害者をとりまく大きな出来事が立て続けに起こり、紙面でもそのいきさつを記録している。まずは1947年の夏から冬にかけての出来事。今なお「マッカーサー旋風」として語り継がれる鍼灸存続問題である。

背景には、同年5月3日の新憲法施行があった。これに先立つ4月18日、「日本国憲法施行の際現に効力を有する命令の規定の効力等に関する法律」が公布され、旧憲法下での諸法律が改正・廃止を迫られた。従来の「按摩術営業取締規則」「鍼術灸術営業取締規則」の効力も同年12月末で失効するため、新法制定が必要になったのだ。

当時の厚生省は両取締規則を一部修正し、暫定的に期限を延長させた法案をまとめるつもりだった。ところが、戦後の日本で占領政策を進めていた連合国軍総司令部（GHQ）に事前承認を求めたところ、思いもよらない結果となる。同年9月のことである。

　GHQは鍼灸について、非衛生的で、科学的根拠の欠けるものであり、また政策上も望ましくないとして日本政府に対して禁止するよう要求する。存続する場合、現行の医療制度の中で、こうした施術を存続しなければならない理由を回答するよう求めた。

　厚生省の医療制度審議会はこれに対し9月28日、以下の4本を柱とする答申をまとめる。①はり、きゅう、あんま、マッサージ、柔道整復術営業者はすべて、医師の指導の下でなければ患者に対してその施術を行ってはならない。②はり・きゅう営業については、盲人たちには原則として新規に免許を与えない。③柔道整復術については、原則として新規には免許は与えない。④いわゆる医業類似行為はすべてこれを禁止する。

　これは盲人にとっては「死活問題」の内容であり、業界全体にとっても深刻な影響を受ける見解であった。業界、盲教育界、視覚障害者団体は一斉に反発。国会などへの請願をはじめ、盲学校生徒による「全国盲学生大会」、視覚障害者による「業権擁護全国盲人大会」などの一大運動が2カ月にわたり、命がけともいえる決意をもって取り組まれた。

全国盲人大会でプラカードを掲げる参加者たち（1947 年）

結果、GHQによる禁止要求は回避され、業者の資質向上を図る新法が作られることになる。「あん摩、はり、きゅう、柔道整復等営業法」が同年12月22日に公布され、1948（昭和23）年1月に施行される。従来の営業免許が資格免許に改められ、公に認定された学校・養成施設を卒業した上で、さらに都道府県知事が行う試験に合格しなければ、その免許が与えられないことになった。同時に、従来のあんま免許における盲人の優遇措置がなくなった。

この運動のさなか、大阪から上京したライトハウス館長の岩橋武夫はGHQのトップ、マッカーサー元帥と会見している。このときに問題解決の糸口を与えられたとされ、その存在の大きさが改めて認識された。

ヘレン・ケラー2度目の来日

その岩橋と米国のヘレン・ケラーとの間で途絶えていた交信が、太平洋戦争の終結で再開される。その第二信で岩橋は、ヘレンが失明軍人や傷痍軍人を鼓舞するためにヨーロッパを訪問したこと、そして日本にも訪れる予定があることを知る。1947年3月のことである。

岩橋はヘレンの来日を前に、毎日新聞社に協力を呼びかけ「ヘレン・ケラー・キャンペーン委員会（H・K・C委員会）」を1948年に共同で結成。来日にあたっての受け皿を作る。そのねらいは主に、障害者の自立を保護するための立法措置の必要性を社会に訴え、身体障害者への理解を世の中に喚起することにあった。

さらに岩橋は発起人の代表として同年夏、日本盲人会連合（日盲連、現・日本視覚障害者団体連合）を結成し、初代会長に就いた。49歳の時である。

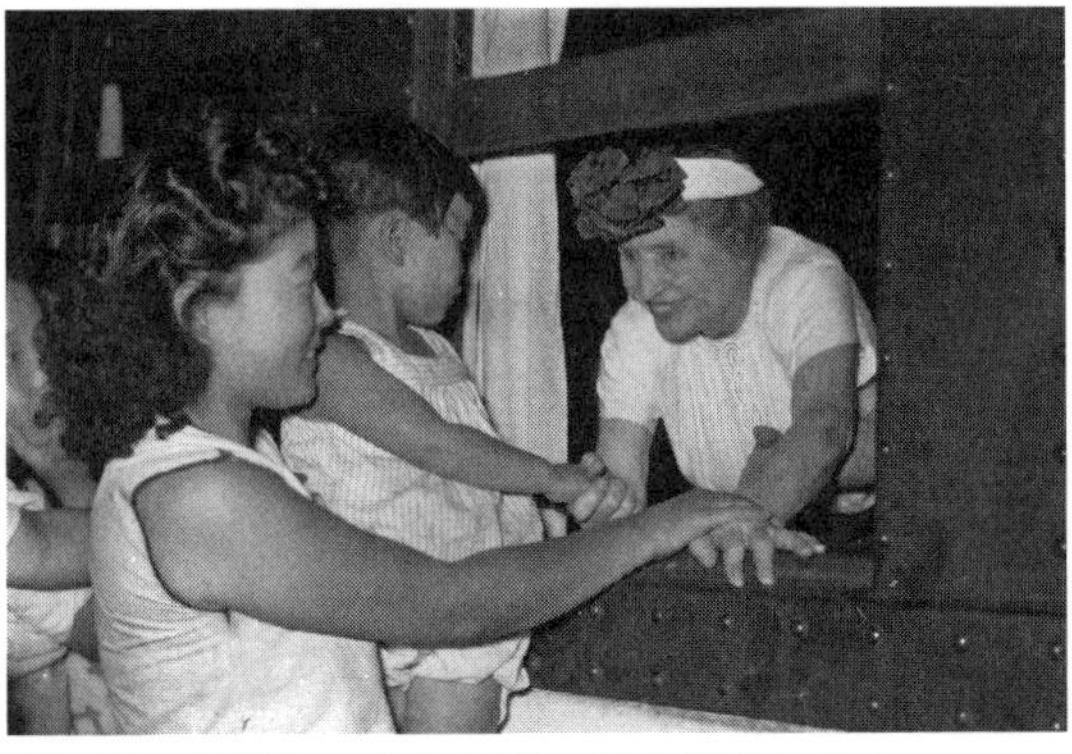

岩国駅で見送りに来た子供の手を握りしめるヘレン・ケラー（山口県岩国市で、1948年）

そして同じ8月、ヘレン・ケラーは軍用機で山口県の岩国基地に飛来。進駐軍列車パレスチナ号（アメリカ軍専用車）で本州から北海道、九州を含め日本各地を訪れ、国民の大歓迎を受けた。併せて、我が国の盲・ろう教育の義務制、盲人福祉法の制定などを政府に要請し、岩橋・日盲連会長を助けるのである。

ところで、前段の鍼灸存続運動と日盲連の結成には、当時の点字毎日編集長・大野加久二も加わっていた。特に、日盲連結成を前にした準備会は4月18日、全国主要都市の代表50余人を招き、編集部のあった毎日新聞大阪本社で開かれたとの記録がある。大野は日盲連結成時の副会長も務めており、点字毎日が当時、当事者運動の確立とその後の推進に深く関与していたことが分かる。

自立と社会参加③

視覚障害教育の100年

教員でもあった初代編集長の中村京太郎は創刊当初から、教育の充実の必要性を訴えていた。ここでは、盲学校の開設から現在までの視覚障害教育の歴史を振り返りたい。

◆盲学校の設置義務化

京都で1878（明治11）年、東京で1880（明治13）年に、今日まで続く盲学校が開設され、東西で視覚障害者に対する近代教育が始まる。「点字大阪毎日」が創刊された大正時代後期にはすでに盲学校は各地に存在していたが、1923（大正12）年に「盲学校及聾啞学校令」が発布され、道府県に1校以上の盲学校と聾啞学校の設置が義務化された。

それに合わせるように盲教育関係者の間で点字教科書発行の機運が高まる。1922（大正11）年2月に大阪で「盲人用教科書刊行会」が発足し、教科書の点訳に着手した。同会の運営が行き詰まった翌年、大阪毎日新聞社が点字教科書の発行業務を引き継いだ。

昭和の時代に入ると盲学校教育はいよいよ盛んとなり、独自の文化・スポーツ活動も始まる。1926（昭和元）年に、盲学生体育連盟主催の第1回盲学生競技大会、28（昭和3）年に点字大阪毎日主催の第1回全国盲学生雄弁大会（現・全国盲学校弁論大会）が開始される。また、33（昭和8）年には、東京・麻布の南山《なんざん》小学校に今の弱視学級につながる視力保存学級が設置された。

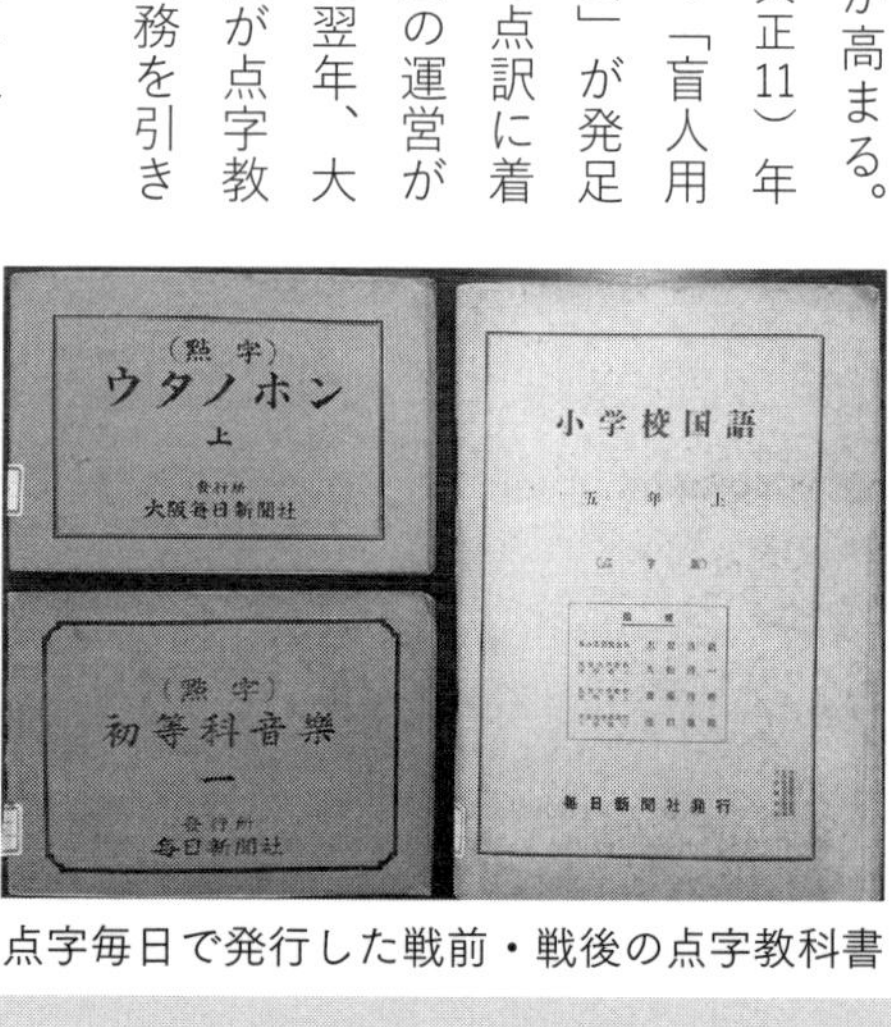

点字毎日で発行した戦前・戦後の点字教科書

国全体が戦争の道へと歩みを深めていた1941（昭和16）年、国民学校令が施行されると「公立私立盲学校

第16回全国盲学生体育大会の様子（1940年）

及聾唖学校規程」が改正され、盲学校も戦時体制へと移行する。太平洋戦争の戦禍がいよいよ厳しくなった44（昭和19）年春頃、盲学校の閉鎖・疎開が始まる。終戦時、校舎に被害のあった盲学校は全国で40校以上を数えた。

◆**義務教育体制へ**

戦後すぐの盲学校現場では、盲唖学校の即時分離、義務教育制、学費や教員給与の国庫負担などが求められた。新しい学制の下、1948（昭和23）年度から盲学校・聾学校の義務制が始まり、この年度に学齢に達した視覚障害児から盲学校への就学が義務づけられた。以後、就学義務の学年を進めていく学年進行の形がとられた。義務化初年度の盲学校は、官立1、公立63、私立13の計77校で、就学した小学部1年生は656人だった。

文部省は1952（昭和27）年、特殊教育室を新設し、翌年6月に「教育上特別な取り扱いを要する児童、生徒の判別基準」を通知。いわゆる就学基準の運用が始まる。54（昭和29）年には就学奨励法が施行され、盲・聾学校への就学による保護者の経済的負担を軽減するため、必要な経費が公的負担されるようになった。その一方、盲学校高等部での点字教科書の不備を世に訴えその保障を国に求めた55（昭和30）年の「全点協運動」が全国に広がった。その結果、翌56（昭和31）年度から高等部用の点字教科書が増え、やがて無償給付の対象にもなった。

1959（昭和34）年の中央教育審議会は、特殊教育の充実振興策について文部大臣に答申。盲教育

盲学校でのテープレコーダーを使った授業（1955年）

関係では、全盲と弱視者の分離教育の必要性が提唱された。61（昭和36）年には盲学校在籍者は1万235人とピークを迎える。この時点で盲学校での義務教育に該当した盲児は5205人、弱視児は6940人で、就学率は45・1％だった。この頃から重複障害児の課題が顕在化。受け入れ体制に加え、やがて進路保障の問題も課題となっていく。

1970年代半ばからは、ノーマライゼーションの流れを受け、全盲児も地域の学校で学ぶ統合教育の動きが各地で本格化する。一方、79（昭和54）年に養護学校が義務化され、盲学校では重度重複児の受け入れに拍車がかかる。同年告示の学習指導要領では、交流学習の促進と重複障害児の教育課程弾力化が盛り込まれた。

◆児童生徒の減少と多様化進む

平成の時代に入った1989（平成元）年。文部省は学習指導要領を10年ぶりに改訂し「個性教育の推進」などを柱に掲げた。盲学校ではこの間、児童・生徒の減少と多様化が進み、全盲児と弱視児を分離する議論は現実的でなくなった。

弱視など軽度の障害がある児童生徒に対し、教科指導は普通学級で、障害特性に応じた指導は盲学校などで実施する通級による指導が1993（平成5）年から始まる。この頃から盲学校は、地域の学校に在籍する児童生徒やその教員を支援するセンター的機能も併せて担うようになった。

1998（平成10）年に教育課程審議会が、児童・生徒自ら問題を探究する「生きる力」育成の方向性を示す。特殊教育では「養護・訓練」を「自立活動」に見直すよう提起され、翌年に学習指導要領が改められる。小・中学部では2002（平成14）年度から施行された。

◆特殊教育から特別支援教育へ

2000年代に入ると、従来の特殊教育を見直そうという動きがみられるようになる。2001（平成13）年、「21世紀の特殊教育の在り方に関する調査研究協力者会議」は最終報告で就学指導の見直しに踏み込んだ。国は02年に関係政令を改正し「認定就学制度」を開始。07（平成19）年度からは特殊教育を「特別支援教育」に改め、盲・ろう・養護学校の名称をなくし「特別支援学校」に一本化する改正学校教育法が施行される。それにともない、盲学校の名称も「視覚特別支援学校」などに変更する学校が増えていく。

2008（平成20）年には「教科書バリアフリー法」が施行された。2000年代に入って、拡大教科書の不足や、製作現場が抱える著作権処理の苦労といった課題の解決に向けた動きが活発になっていたが、この法律で障害のある児童・生徒のための教科書の普及促進に国の責任が明記された。点字教科書の保障にも波及した。

2013（平成25）年、学校教育法施行令一部改正で就学手続きが見直され、障害のある児童生徒は特別支援学校への就学が原則という規定がなくなる。08年発効の国連障害者権利条約の理念を踏まえ、特別支援教育の在り方を見直そうと検討した結果が一定程度、反映された。こうしたなか、全国盲学校長会のまとめで、盲学校在籍者が16（平成28）年度に3000人を割り込んだことが明らかになった。対象者の減少は、盲学校で積み重ねられてきた視覚障害教育の維持・継承の妨げになるとの理解が関係者の間で共有されるようになる。

2018（平成30）年に改正学校教育法が成立し、タブレット端末などを用いた「デジタル教科書」が正式な教科書に位置づけられた。20（令和2）年に新型コロナウイルスの感染が国内で拡大すると、盲学校現場でもオンラインによる遠隔授業の実施など、教育体制の維持に苦労が続いた。翌21（令和3）年に開かれた中央教育審議会はこうした状況を踏まえ、特別支援教育でのセンター的機能などにICT（情報通信技術）を積極的に活用するよう提言した。

日本における障害者への教育として、いち早く取り組まれた視覚障害教育を制度面から振り返ってみた。点字の活用や理療教育の導入など、視覚障害者自身がその発展の中で大きな役割を果たしてきたことを改めて強調しておきたい。

8

税金や運賃の優遇実現——昭和20年代

1948（昭和23）年8月、「日本盲人会連合」（日盲連、現・日本視覚障害者団体連合）の結成大会が、大阪府貝塚市・二色の浜の地で開かれた。この大会で、各都道府県盲人団体から提案され、議論の末に採択した11項目にわたる決議の最初に掲げられたのは「盲人福祉法」の制定であった。

翌1949（昭和24）年5月に京都で開いた第2回大会でも、その制定実現に向けた運動を展開することが決議された。役員が上京して国会議員に陳情を繰り返していた頃、当時の自由党政権の下では、街にあふれる白衣の傷痍軍人の救済も兼ねた身体障害者福祉法の制定が浮上していた。先鞭をつけていた盲人福祉法との調整を求められた日盲連は、「大局的な立場に立つことにした」と、『日本盲人会連合50年史』に記録している。

結果として1949年秋の臨時国会にて、与野党一致の議員立法として身体障害者福祉法が提出され成立する。同年12月に公布され、翌年4月1日に施行された同法は、視覚障害者だけでなく身体障害者全体を包括する更生援護を基本とした総合立法だった。障害者個々の自発的な更生の意欲を高めることを目的に、必要な補装具の交付、訓練機会の提供、更生について規

日盲連結成の地に置かれた記念碑。結成40周年の際に建立、石碑には「共に生きる」と刻まれている（大阪府貝塚市）

定した。あくまで社会復帰、自立の援助が基本の法律であった。

高まる生活向上要求

では、当時の視覚障害者ならではの生活ニーズはどのようなものだったのだろうか。まずは先に紹介した日盲連結成大会での残る10項目の決議事項を挙げてみると、「各都道府県庁内に盲人部課の設置」「各種税金の減免」「汽車や船の乗車賃の減免」「ラジオ聴取料減免」「小学校国語読本『群盲象を探る』の箇所削除」「あん摩等共同施術所の設置」「安全交通の確保」「各都道府県に盲人会館の設置」「開眼診療の全国的実施」「参政民選議員を組織会員中より推薦選出」とある。

点字毎日の紙面では1949年3月、「盲人福祉法制定問題に関する盲人の要求度」として読者アンケートの結果を掲載している。852人から回答があり、うち625人が賛同したのが「盲人に対する各種税金の減免」。次いで「盲人の付添人に対する国鉄、私鉄、船舶などの乗車船賃免除」が601人で、この二つに突出した支持があった。この他の要求内容では、「国立点字出版所の設置」(396人)、「ラジオ聴取料の免除」(258人)、「電話の優先的架設」(168人)、「国立点字図書館の設置」(132人)、「交通安全用白ステッキ無料配給」(120人)、「生活及び治療必需品の優先的配給」(114人)、「一般職業に盲人採用」(101人)、「盲人に対する最高学府の門戸開放、盲人大学の設置」(96人)、「国立職業指導所(新職業含む)」(96人)、「盲学生に対する奨学金の国庫補助」(90人)などが目立った。

昭和20年代の紙面からは、こうした日々の暮らしを豊かにするための生活や仕事の充実を求める声が高まっている様子が分かる。そして、一部が実現したことを伝える内容も見られる。

1950(昭和25)年2月から国鉄で付き添い者を伴う身体障害者に対する乗車賃の割引が始まり、それは私鉄にも広がっていく。52(昭和27)年4月には身体障害者旅客運賃割引規程が示される。

税金の減免では、1950年7月から身体障害者に対する地方税減免措置が始まる。54(昭和29)年5月には、盲人の事業税免除という記事もある。改正地方税法の施行令により、あんま・はり・きゅう業などを行う盲人のうち、万国式視力表で測定した視力が0・06以下の者には事業税を課税しないという内容だった。

最高学府である大学の門戸開放の要求にも前進があった。当時の大学入学試験は進学適性検査（略称・新適）と学力検査との二つの筆記試験を併用する方式だった。その「新適」を盲学生も一般学生と同様に受けられるように取り計らうべく、1950年11月、文部省が各都道府県あてに通知を出した。実はその2年前の第1回新適検査で個別に点字受験に対応していたのだが、全国的に対応することを知らしめるものであった。51（昭和26）年1月に東京・お茶の水女子大学で行われた同試験には7人が点字で受験したとの記事があり、うち2人が同年春、初めて国立大学に入学した。事実上、この試験が点字受験を認めた最初の公的試験といえる。

晴眼類似業者との攻防

一方、多くの盲人が従事するあんま・はり・きゅうの法体系にこの間、改正が続いた。

1951年、それまでの「あん摩、はり、きゅう、柔道整復等営業法」が「あん摩師、はり師、きゅう師及び柔道整復師法」に改められた。現行法が身分法であるのを明確にするねらいであった。

1953（昭和28）年には、高卒人口の増加を背景にした改正が行われ、高卒者に限り修業年限が、あんま単科2年以上、はり・きゅう2年半以上、あはき（あんま・はり・きゅうの略称）3科は3年以上と改められた。それまでの盲学校理療科は、高等部の本科3年と

療術師法の制定に反対する業権擁護全国鍼灸按マッサージ師大会（1953年）

専攻科2年の中卒5年課程で、別途、あんま業への早期修業を希望するための中卒2年課程の別科が併置されていた。この改正により、高卒者を入学資格とする専攻科3年制の理療科を新設する盲学校が出てくるようになった。

そしてこの時期は、晴眼者による類似行為者である療術業者との対立が本格化してきた時期でもあった。単独立法を求める療術側、それを阻止したい盲人団体と施術者団体、盲教育関係者による攻防が激化した。

続く昭和30年代に入ると、類似行為業者の一部を包含する法改正もあったが、ある裁判での判決が思いがけない弊害を長年にわたり、あはき業界にもたらすことになるのである。

点字新聞の挑戦⑤

長岡加藤治のまなざし

1952（昭和27）年に定年を迎えた編集長・大野加久二にかわり、点字毎日のかじ取り役となったのは長岡加藤治《かとはる》（1902－85）である。大野から読者に向けた退任のあいさつで「2代にわたる盲編集長を補佐してきた豊富な経験と学識のある」人物と紹介された。初の晴眼編集長、長岡加藤治とはいかなる人物だったのか。

◆点毎から日本ライトハウスへ

北海道遠軽《えんがる》町出身の長岡は、創刊6年目の1927（昭和2）年から事務手伝いである雇員として点字毎日に勤務し、36年に準社員、その3年後に社員となった。創刊時から製版を担当していた社員の急逝で新たに加わった長岡だったが、どういった経緯で盲界との関わりを持ち、入社に至ったのかを知る手がかりはない。ただ、熱心なクリスチャンであったといわれることから、同じくクリスチャンの中村や大野につながったとも考えられる。

日本盲人会連合副会長に就任した大野の下にいて、日本ライトハウス創設者の岩橋武夫を敬愛した長岡は、1948（昭和23）年の日盲連設立総会の司会や世界盲人福祉協議会の日本代表委員を務めるなど、紙面にとどまらず盲界との交わりを深めた。点毎創刊30周年の年に編集長となり、ルイ・ブライユ100年祭を迎えた盲界の活気や、サンフランシスコ講和条約の調印で新たな一歩を踏み出した日本の動きを点字新聞を通して伝えた。55（昭和30）年、3度目の来日を果たしたヘレン・ケラーを点毎の編集室で出迎えたのも長岡編集長である。

翌年に点字毎日を離れた後は、日本ライトハウスに移り、点字図書館館長に就任。『日本ライトハウス40年史』の編集委員長や『世界盲人百科事典』の執筆ととりまとめに奔走した。1972（昭和47）年のライトハウス退職直前まで精魂を傾けた『世界盲人百科事典』では、163人の執筆者が国内外の著名な盲人について記し、刊行から50年以上たった今、その資料的価値は一層高まっている。長岡から図書館長を引き継いだ元日本ライトハウス常務理事の宮田信直《のぶなお》氏は、「鳥居篤治郎さんらを紹介してくださったり、日本点字研究会（現・日本点字委員会）への参加も勧めてくださった。人脈や情報、知識がすごかった」と回顧する。

◆俳人「長岡紫蘭」として

長岡について語るとき、見逃せない側面がある。好きな花にちなんでつけられたという俳号「長岡紫蘭《しらん》」としての顔だ。点毎俳壇の選者には長岡が師事した高浜虚子《きょし》の長男・年尾《としお》の名があり、日本ライトハウス編集・発行の雑誌「黎明」では、俳壇の選者を担当した。

長岡がどのようなきっかけで俳諧に傾倒したのかは不明だが、指導を受けた視覚障害者は少なくない。大阪府高槻市で盲人句会「卯の花句会」の代表をつとめる川人《かわひと》義明氏（全盲）もその一人だ。1970（昭和45）年、盲人福祉センターの開所式にやってきた長岡から句会の発足を提案され、同年3月、7人の盲人で初めての集まりを持った。以来、毎月欠かさず開いている句会には、いつも長岡が指導役として参加。「ものの言い方は温厚で、優しく分かりやすく教えてくださった。吟行に出かけた先に句碑があると、手を取って触らせてくださった」とうれしそうに話す。酒が好きだった長岡と、駅前にあった行きつけの飲み屋で杯をかわすことも多かった。

第7号まで長岡が巻頭の言葉を寄せた句集には「目で読める点字新聞新年号」のほか、草花を読み込んだ句が多く並ぶ。長岡が83歳で亡くなった際、川人さんは師をしのび、「夕陽いま消えて紫蘭の香の中に」と詠んだ。

◆点字への愛情

長岡は、日本ライトハウス図書館の広報誌「点訳の窓」の巻頭コラムに、「点字への愛情」と題する次のような文を寄せている。「私から点字をとってしまえば、後に何ものも残らないことをよく知っているからです。点字の中には深い愛情がかくされているからです。皆様と共に今後も点字を愛し点字と取組み点字と共に生きて参りたいと思っております」。俳句と点字、そして視覚障害者をずっと愛し続けた第3代編集長・長岡加藤治。さまざまな事物や人に向けられたそのまなざしは、どこまでも穏やかで、その姿勢は彼のあと点毎を引き継いだ歴代の編集長に受け継がれていく。

9 あはきvs療術、政治問題に——昭和30年代

視覚障害者の多くが従事していたあんまマッサージと類似する手技をはじめ、電気療法や光線、温熱刺激などを扱う療術業は、1955（昭和30）年いっぱいで廃止されることが決まっていた。1948（昭和23）年施行の「あん摩、はり、きゅう、柔道整復等営業法」（51年に「あん摩師、はり師、きゅう師及び柔道整復師法」と改題、通称・あはき法）で、一定期間に必要な届け出をした既得権者のみが営業を認められ、かつ同法に規定する医業類似行為以外の施術が禁止されたためで、その一定期間が55年末までであった。これを機に、この問題にけりをつけたかったあはき業界と、単独法を設けて存続を図りたい療術業界の対立は激化し、政治問題にもなった。

結果として1955年7月の閣議決定で、あはき法の一部を改正し、届け出業者を「指圧師」として包含するとともに、既存の療術業者は引き続き3年間の営業が認められ、その間に都道府県知事の行う、あん摩師、はり師、きゅう師の試験を受けて転業しなければならないと決まった。しかし、3年後の1958（昭和33）年の改正でさらに3年間の延長が決まり、続く1961（昭和36）年にも3度目の3年間延長となった。

そして1964（昭和39）年改正では、ついに営業継続期限が撤廃された。その取り扱いについては、厚生省のあん摩等中央審議会で検討されることになったが、結論をみないまま現在に至っている。

なお、同年の改正では、視覚障害者の生計の維持が著しく困難とならないよう、晴眼者の養成施設の新設や定員増を制限できる「19条」が設けられた。この規定も後に、晴眼者を養成する学校関係者

と視覚障害者を中心とする業界との対立を招くことになる。

問われ続ける最高裁判決

1960（昭和35）年1月27日、あはき法違反の罪に問われた福島県内の採炭夫の男性被告が「同法で資格のない者の医業類似行為を一般的に禁止しているのは憲法22条（職業選択の自由）に違反する」と上告していた事件に対し、最高裁が原判決を破棄し、仙台高裁に差し戻す判決を言い渡した。被告が行っていたHS式無熱高周波療法は人体に無害だと訴えているのに、2審判決が有害か無害かを判断せず医業類似行為をしたというだけで処罰しているのは、同法の解釈を誤ったか理由不備の違法があったという判断であった。差し戻された仙台高裁は1963（昭和38）年「この療法を素人が使うのは有害の恐れがある」という1審の判決を支持し、被告は再び上告。翌年5月7日、最高裁小法廷は上告棄却の判決を下し、採炭夫の男性に罰金1千円、執行猶予3年の刑が確定した。

結果として有罪とされた事件だったが、最初の最高裁判決が「医業類似行為を業とすることを禁止、処罰するのも人の健康に害を及ぼすおそれのある業務行為に限局する趣旨と解しなければならない」旨を判示した上で、被告の行為が健康に害を及ぼすか否かの判断が示されていないとして仙台高裁に差し戻したことが、結果として「人に害を与えない限り、取り締まれない」との解釈を社会に広めることになった。これは、療術行為を規制する法的整備を遠ざけるとともに、無資格者の横行をその後も許す結果となった。そして、次のあはき業の大きな改革は1988（昭和63）

〝有害な場合だけ制限
あんま、はりなどの医業類似行為
最高裁、処罰の判決差戻し
第二局始まる
王将戦

あはき法の規定が違憲であるかを問われた最高裁判決を報じる毎日新聞記事（1960年1月27日付夕刊）

年、国家試験を導入する法改正まで待たねばならなかった。

新職業の模索始まる

とはいえ、視覚障害業者も漫然と業を続けていたのではないことが、この時期の記事からは伝わってくる。あんま業の盲人専業を求める声は引き続き残っていたが、盲人ホームやマッサージセンターなど、個人経営以外のあはき業の形態が生まれている。加えて、あはき以外の仕事を探る動き、いわゆる「新職業」の模索が始まるのもこの頃からである。

1956（昭和31）年、国立神戸光明寮は、あはき以外の中途失明者の職業更生手段として養鶏科を設置。1961年4月には、文部省が盲学校高等部生徒に5科目の職業教育を行うことになり、指定する5校の関係者を招き説明会を開いた。指定されたのは札幌盲学校の「シイタケ・ナメコ・モヤシ栽培」、岩手盲学校の「養鶏」、平塚盲学校（神奈川県）「電気器具組み立て」、大阪府立盲学校「ピアノ調律」、徳島盲学校の「養鶏・養豚」。また1963（昭和38）年には、福井市で福祉施設「光道園」を運営する中道益平《なかみちますへい》氏が、盲人の職種としてカナリヤの飼育の試験に成功したと伝えている。

盲学校で木工作業に励む生徒（1955年）

盲目の養鶏家、菅原正男さん。手先の勘でメス・オスの鑑別ができた（岩手県一関市で、1955年）

折しも1960年2月、政府は身体障害者雇用促進法案を国会に提出し、6月に成立、7月に公布された。官公庁や民間企業の身体障害者雇用率の設定、身体障害者に対する適応訓練制度の新設、全盲者など重度障害者に対する特別の措置などが骨子で、今日の障害者雇用促進法につながる重要な法律が生まれている。

また、「卒業後の就職の援助と職域拡大」を4本柱の一つに「文月会」（後の「盲人福祉研究会」。2001年解散）が発足したのも1961年7月であった。つまり、職業問題が注目された時代であったと言える。ちなみに、当時の盲人労働人口（1959年度）は、18歳以上が12万6793人。うち障害等級3級（両眼の視力の和が0・05以上、0・08未満）の中重度者は8万9334人という数字が残っている。

障害福祉年金の支給開始

福祉でも大きな動きがあった。身体障害者に対する年金制度の創設を求める要求運動の声が高まっていたなか、1959（昭和34）年4月、国民年金法が公布され、無拠出の障害、老齢、母子の各福祉年金が同年11月に発足した。障害年金は月額1500円だった。初めての支給は翌年3月3日で、支給額は前年11月からの4カ月分で6000円。全国の受給者数は、厚生省が見込んだ受給予定者数の99・4％にあたる、18万1051人だったとの記録がある。1961年には、身体障害者世帯更生資金貸付制度が始まり、生業費、支度費、技術習得費の3資金を利用できるようになった。

生活を支える制度の枠組みが一定程度整っていくなかで、続く昭和40年代には、視覚障害者の暮らしが充実する方向へと変化の兆しが見えてくる。ただ一方で、社会全体では都市の過密化による交通渋滞、工業の発展による公害発生などの問題が表面化する時代を迎えていた。

自立と社会参加④

三療業の100年

視覚障害者の社会での自立の手段として、「あはき（あんま・はり・きゅう）」はこの間、就労の基盤として存在しつづけ、点毎紙面でも追い続けてきた。同じ資格をもつ晴眼者と競い合い、時に争い、時に協調してきた流れと、同じ手技を扱う無資格業者への対策を迫られてきた経緯を振り返る。

◆幾度もの危機

江戸時代に確立した盲人の鍼按業と鍼按教育は、今で言えば、あはき業と理療教育。それが令和の時代までしっかり根づいていることを考えると、「この仕事しかない」と言われた時代があったとはいえ、視覚障害者の適職というのも確かだろう。

この間には幾度の危機があった。まずは戦前。日露戦争を経た不況などを機に、あんま業に晴眼者が多数進出した結果、窮乏する既存の盲人業者が急増した。盲人によるあんま専業を求める声が高まった結果、専業こそならなかったが、1912（明治45）年に試験制度と盲人保護の仕組みが設けられた。あんま術に限り、盲人にのみ修業年限を半分に短縮して試験も簡便にする乙種免許が新設される。

このいわゆる二枚免許による盲人のあんま業は、業者の中に「鍼灸師法」を単独で求める声を生んだほか、同じ時期にあんまとは一定の区別をされて隆盛した「マッサージ」や、晴眼者による類似行為である「療術」と競い合う環境に置かれることとなった。それにより、引き続き盲人によるあんま専業を求める声が根強く残った。

太平洋戦争の時代。国家総動員法のもと、海軍の技療手として実際に戦場に赴いたり、治療で銃後を支えたりした視覚障害者も少なくなかった。

敗戦後には「マッカーサー旋風」として語り継がれる鍼灸存続問題があった。鍼灸の廃止を求めた連合国軍総司令部（GHQ）に対して業界を挙げた一大運動があり、結果として業者の資質向上を図る新法（あん摩、はり、きゅう、柔道整復等営業法。通称・あはき法）ができる。従来の営業免許が資格免許に改められ、都道府県知事が行う試験に合格することが必要となった。同時に、あんま免許における盲人に対する優先措置はなくなる。この後、次の大幅改正まで40年が必要となるが、この間にも盲人保護のため、かつての二枚免許復活を求める声が折々で聞かれた。

１９５０年代。晴眼者による類似行為である療術業者が、資格化を願い単独立法を求めて攻勢を強める。それを阻止したい盲人団体やあはき施術者団体との攻防が激化。一時しのぎとも言えるあはき法の部分改正のみで、結局、療術行為の規制が法整備されることはなく、１９６４（昭和39）年、晴眼者の養成施設の新設や定員増を制限できる「19条」の創設をみることになる。

前章でもふれたように、１９６０（昭和35）年、あはき法違反に問われた無資格者の男性に対する最高裁判決があった。結果として有罪とされたが、健康に害を及ぼす行為と判断されない限り、取り締まることはできないとの解釈を社会に広めてしまう。これがこの後も無資格者の横行を許す結果となった。

１９６０代後半、あん摩マッサージ指圧師の免許を持つ視覚障害者にとって重要な就業先だった病院に変化がみられた。理学療法士（ＰＴ）制度への対応が迫られたのだ。病院で物理療法に従事していたマッサージ師が新制度に対応できるよう「目の見えない者」を欠格条項としないよう盲学校関係者などが働きかけ、66（昭和41）年の国家試験受験が認められる。一部の盲学校には理学療法科も設置されたが、医療現場にＰＴが増えるにつれ

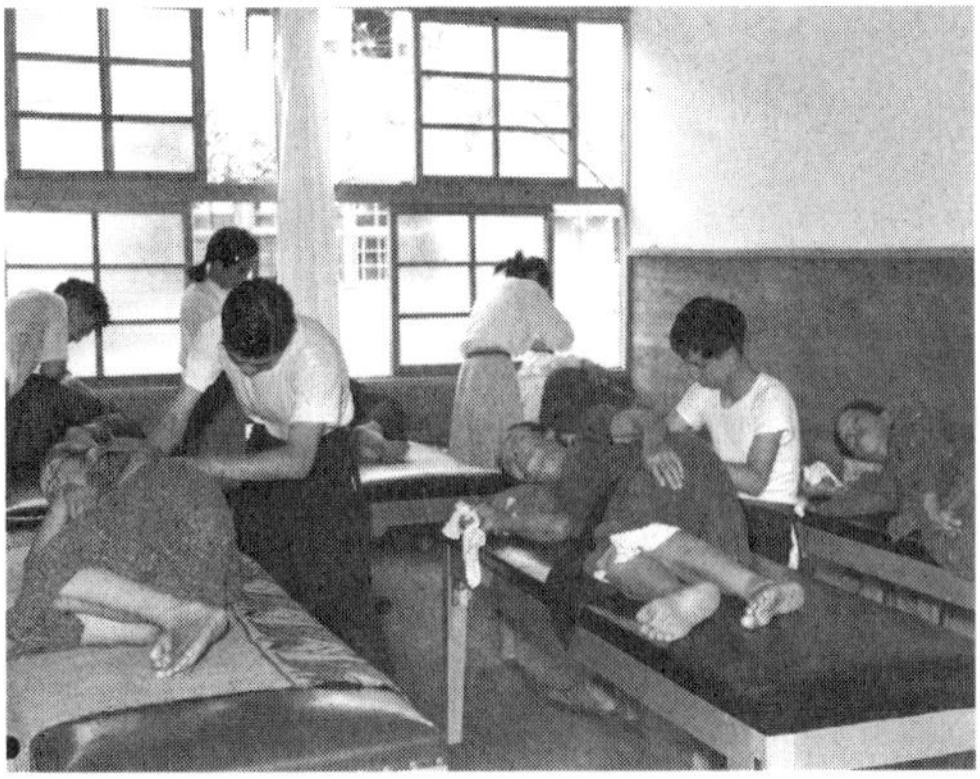

静岡県立静岡盲学校で、60歳以上の高齢者を招いてあんまの無料奉仕（1953年）

て、マッサージ師の活躍の場は狭まった。1981（昭和56）年には診療報酬からマッサージの項目がなくなり、病院という新規就職先を失う決定的な要因となった。入れ替わるように、マッサージの資格で就職する手段として1980年代に「産業マッサージ」、今でいう「ヘルスキーパー」が注目されるようになる。

◆国家試験、免許制に

1970年代には、医療の現場で鍼灸への関心が高まる。1978（昭和53）年、初めての高等教育機関として明治鍼灸短期大学（現・明治国際医療大学）が開学。あはき師の資質が問われるようになり、88（昭和63）年、資質向上を目的として40年ぶりにあはき法が改正される。資格試験が国家試験となり、養成施設などの入学資格は大学入学と同じに引き上げられ、修業年限も3年以上とされた。ただし、特例として中学卒業の視覚障害者に対する課程が残り、今なおそれは存在する。

1990年代にはクイックマッサージなどの業態が目立つようになったのを受け、あはき業界では無資格者の取り締まりを求めて関係方面への働きかけを強めた。やがて総務省は2013（平成25）年、日本標準産業分類に「7893 リラクゼーション業（手技を用いるもの）」を位置づけるに至る。一方で12（平成24）年、国民生活センターは「手技による医業類似行為の危害」と題した報告書を公表。法的な資格制度がないカイロプラクティックや整体といった施術を受けての危害が多いと指摘した。施術者が国家資格を持つかどうかの判別がしにくいという問題に対応するため、あはき業界は有資格者であることをアピールするため、「免許保有証」を16（平成28）年に導入。広告の在り方の議論は今も継続している。

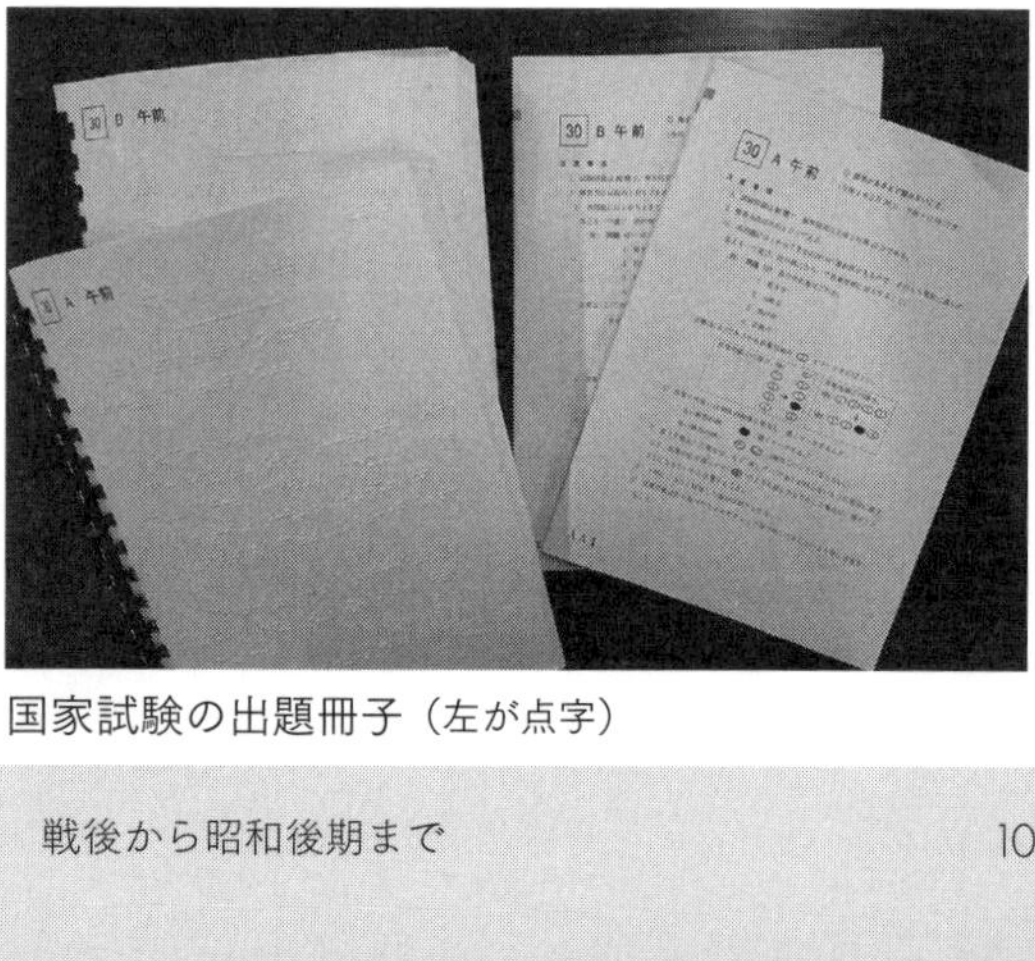

国家試験の出題冊子（左が点字）

◆19条は合憲

２０００年以降に開校した晴眼者向け鍼灸師養成学校はやがて過当競争を迫られることになった。マッサージ課程併設を求める学校も出てくるが、あはき法19条の規定で新設が認められない。２０１６年には、学校法人平成医療学園が新設を認めなかった国の処分取り消しを求め、提訴した。19条の規定が憲法で保障する「職業選択の自由」に違反するかどうかが問われた訴訟は最高裁まで争われた。２０２２（令和４）年２月、最高裁は19条の規定について「公共の利益にかなう」として合憲と判断。従事できる職業が限られる視覚障害者にとってのあん摩マッサージ指圧業は「障害の程度が重くても就業機会を得ることができる主要な職種の一つ」と認めた。

原告が「半世紀以上が過ぎ、規定の合理性が失われている」と主張した19条を規定した法改正から、判決が確定するまで58年。この間、視覚障害者にとってあんま業には変わらない重みがあると確認できた一方で、従事者に占める視覚障害者の割合こそ減ったものの、無資格者問題をはじめ、業界が抱える課題が解決に至ることのないまま、時だけが経過したととらえることもできる。

10 アジアで初の東京パラリンピック——昭和40年代

　1964（昭和39）年、東京で夏季パラリンピックが開催された。アジア地域初の大会で、東京オリンピック開催後の11月に、第1部は第13回国際ストーク・マンデビル車いす競技大会として、第2部はすべての身体障害者を対象にした日本人選手向けの国内大会として行われた。点字毎日でも当時、「パラリンピック第2部（国内身障者スポーツ大会）は13、14の両日、東京・代々木のオリンピック選手村を中心に開催。盲人107人を含む480人、役員436人が参加」と報じている。

パラリンピック東京大会第2部開会式で、選手宣誓をする金口泰三選手（1964年）

　この大会を契機に翌1965（昭和40）年に日本身体障害者スポーツ協会（現在の日本パラスポーツ協会）が設立され、同年から国体の開催地で全国身体障害者スポーツ大会が開かれることになった。その第1回大会は11月6、7の両日に岐阜県で開かれ、114人の視覚障害選手を含む523人が参加したとの記事を見ることができる。

　いわば国内における障害者スポーツの始まりとも言える時期だった。1974（昭和49）年春には、大阪市の長居公園内に世界で2番目となる身体障害者向けの総合スポーツセンターが完成している。

　振り返ってみるとこの時代、同じように今日まで活動が継続し、発展のあった分野の原点を見つけることができる。

日点委が活動を開始

1966（昭和41）年、日本点字委員会（日点委）が発足した。点字表記の全国統一と点字研究を行う組織として、それまで活動していた日本点字研究会を発展的に解消して設立された。1971（昭和46）年に『日本点字表記法（現代語篇）』を世に出し、以後、各分野の点字表記法統一の活動を続け、出版も続けている。

1970（昭和45）年、日本ライトハウスで7月から3カ月間にわたって行われた歩行訓練士養成講習会の結果、9月に12人の歩行訓練士が誕生した。今日、駅ホームからの転落事故の防止に向けて対策が練られるなかで、環境整備だけでなく視覚障害者自身の歩行の在り方も見直す必要性が指摘され、訓練や指導体制の拡充が求められている。その国内での原点はおよそ半世紀前にさかのぼることがわかる。

同じく1970年、東京都立日比谷図書館が視覚障害者のための閲覧室を設け、リーディング奉仕者に同図書館が謝礼を払うという記事がみられる。これは公共図書館における障害者サービスの原点ともされる取り組みである。やがてそのサービスの充実に障害当事者が職員として関わり、公務員として採用された障害者の重要な職域ともなる。翌1971年には著作権法の改正があり、公表された著作物の点字による複製は無条件に、録音は政令で決められた施設に限って認められることになった。録音の制限が緩和されるのは2009（平成21）年と時間を要したが、2019（令和元）年に読書バリアフリー法が成立・施行されるなど、視覚障害者をはじめ読書に困難を抱える人への制度的枠組みは近年、さらに改善の方向へ向かっているといえる。

機器開発の本格化

機器の開発や普及が進んだのも、この時代の特徴といえる。日本点字図書館にテープライブラリーが設けられたのは1958（昭和33）年だったが、まだ個人でテープレコーダーを所有する人は限られていた。日本盲人社会福祉施設協議会（日盲社協）はテープレコー

日本点字図書館テープ室（東京都新宿区、1964年）

ダーの補装具化要望を1963（昭和38）年に決議している。国は1969（昭和44）年度から日常生活用具給付制度を実施するが、その対象となったのは1971（昭和46）年予算の成立によってであった。この間、点字毎日紙面ではテープによる各種媒体の創刊についてたびたび紹介しており、聞く読書の普及が進みつつあった。なお、点字毎日でも1968（昭和43）年、朝日新聞社から朝日賞を受けたのを機に、全国のハンセン病療養所と盲老人ホームに贈る「声の点字毎日」を創刊。テープ1本に2週分を録音して月に2回発行した。点字毎日の録音媒体は現在、デイジー形式で発行する「点字毎日音声版」に引き継がれている。

点字毎日の音声媒体の歴史。上から時計まわりに、初代・オープンリール、2代目・カセットテープ、3代目・デイジーCD

　いわゆる「点字ブロック」が岡山の地で誕生したのもこの時期だった。安全交通試験研究センターによって1965（昭和40）年に開発された点字ブロックは2年後の3月、岡山市の県立岡山盲学校に近い国道の横断歩道口に、全国で初めて敷設された。同財団では同年に触知式信号も開発。1968年、これら盲人用安全歩行機器が全日本交通安全協会から推奨されたと点字毎日記事でも紹介した。他にも、超音波を使って障害物を発見する歩行補助装置が国内や海外で開発されたとの記事がみられる。今日も続く視覚障害者向け歩行補助装置の開発競争も、この時代から始まったといえそうだ。

当時の電電公社が1970年、盲人用電話ダイヤル版の無料取り付けを全国で実施したという記事も見ることができる。数字の「3」「6」「9」に凸線を入れて区別するというもので、現代のバリアフリー、ユニバーサルデザインにつながる工夫が取り入れられているのが分かる。

コンクリートブロックを敷き詰めた「点字歩道」
（大阪市阿倍野区で、1967年）

障害者施策の基本法成立

福祉の面では、1967（昭和42）年に身体障害者福祉法の改正があった。身体障害者の更生援護と保護は、国と地方自治体の責務であると規定されたのが特筆すべき点だった。そして、障害の範囲が拡大され、心臓や呼吸機能に障害のある内部障害者も法の対象となった。制度面では、身体障害者相談員の設置や身体障害者家庭奉仕員の派遣が位置づけられ、地域生活の支援に目が向けられるようになった。

1970年5月には、国会で議員立法による「心身障害者対策基本法」が成立。ここでも、心身障害者に対する福祉の増進は国と地方自治体の責務とされ、国民もそれに協力するよう努めなければならないとされた。同法はさらに、障害者福祉に関する施策（医療、訓練、保護、教育、雇用促進、年金の支給など）の基本的事項を規定したほか、第3条には「すべて心身障害者は、個人の尊厳が重んぜられ、その尊厳にふさわしい処遇を保障される権利を有するものとする」と明記した。

その一方で、障害者が生きる権利を求めて社会に訴える裁判闘争が昭和50年代にかけて相次ぎ、社会的に注目されることになる。

自立と社会参加⑤

新職業の拡大

「新職業」という言葉が、点字毎日紙面では長く使われた。それは、伝統ある三療業（あんま・はり・きゅう）に加えて職域を広げ、自立と社会参加の機会を増やしたいという当事者と関係者の宿願だった。その歩みを振り返る。

◆個性に合わせた職業の模索

1939（昭和14）年、失明軍人のための職業研究機関が失明軍人教育所に置かれた。それぞれの個性、適性を調査したうえで「農業、演芸、簡易工作、工芸品制作、速記術、治療作業、音楽など各種職業の研究を進める」機関とされた。これらが当時の視覚障害者にふさわしいと考えられていた職業だといえそうだ。他には、地方議会の議員として活躍する視覚障害者が各地でみられた。

戦後、失明軍人のための教育機関が、広く中途失明者を受け入れる国立のリハビリテーション機関「光明寮」となるが、やはり就労の中心は三療業だった。大阪の日本ライトハウスも同じ時期に新職業開拓講習会として金属加工などを手がけたが、一般化するまでにはならなかった。

戦後の学制改革で視覚障害者の中にも大学の門戸開放の要求が高まる。その開拓期といえる1950年代の前半に、点字で受験して大学で学ぶ視覚障害者が生まれるが、卒業しても就職に苦労する現実を前に、大学進学者が順調に増えたわけではなかった。

1956（昭和31）年、当時の神戸光明寮は、あはき以外の中途失明者の職業更生手段として養鶏科を設置する。1961（昭和36）年4月に、文部省が盲学校高等部生徒を対象として示した職業教育は「シイタケ・ナメコ・モヤシ栽培」「養鶏」「養鶏・養豚」「電気器具組み立て」「ピアノ調律」の5科目であった。新職業への模索はここでも続いた。

折しも1960（昭和35）年、身体障害者雇用促進法が成立。官公庁や民間企業での身体障害者雇用率の設定など、今の障害者雇用促進法につながる法律ができたが、視覚障害者にすぐに恩恵がもたらされたわけではなかった。1961年7月、視覚障害のある大学生と卒業生が集まり「文月会」（後の「盲人福祉研究会」）が結成される。卒業後の就職の援助と職域拡大は、活動の主要な柱の一つだった。

1966（昭和41）年、労働省が視覚障害者に可能な職種の調査を行った。視覚障害者が過去に従事していた88職種について調査したもので、全盲の人で「晴眼者とまったく変わりなくできる」職種として、琴や歌謡曲の教授、カナタイピストや欧文タイピスト、点字図書の校正係、写真現像工など19種が挙がった。両眼の視力0・01程度の人では30種、弱視では65種が可能とされた。

◆広がる職域

1970年代は、実際に新職業と言える事例がみられるようになる。1969（昭和44）年から日本ライトハウスで養成が始まった電話交換手、プログラマーが誕生したほか、教員や地方公務員に、採用試験を点字で突破して就職する事例が増えていく。さらに、公務員や民間企業で職場復帰する事例もみられるようになる。

1988（昭和63）年、地域の障害者職業訓練センターでワープロの講習が始まる。視覚障害者には音声ワープロが活用された。同年、職場で視覚障害者の業務を支援する介助者の人件費を助成する「職場介助者制度」がスタート。事務職での職場復帰や就職の可能性が広がる。同時期から、「テープ起こし」と呼ばれたパソコンによる録音タイプが視覚障害者の業務として知られるようになる。

日本初の盲人電話交換手、牧康子さん（大阪・日本ライトハウスで、1968年）

1991（平成3）年、関係団体の運動が実り、Ⅰ種とⅡ種の行政職を対象にした国家公務員採用試験を点字で受験する道が開けた。96（平成8）年、Ⅱ種試験で初めての点字試験での合格者が生まれた。92（平成4）年には、政府はすべての障害者が職業に就けることを目指し、必要な措置を講ずるよう規定したILO（国際労働機関）第159条約「障害者の職業リハビリテーション及び雇用に関する条約」を批准した。

1990年代後半になると事務系の業務をパソコンで行うことが一般的になり、音声や点字ピンディスプレイでパソコンを扱う視覚障害者にも活躍の土壌が整っていった。同時に、その技術を身につけるための訓練や研修体制、職場でのサポート体制が問われるようになる。就職が必ずしも容易になるわけではなかったが、職場定着や就労の中身にも関心が向かう。1995（平成7）年に「中途視覚障害者の復職を考える会（タートル）」が発足し、今なお会員内外での交流や活動の幅を広げているのはその象徴といえる。

2001（平成13）年、視覚障害者などに医師、看護師などの国家資格、免許を認めていない欠格条項が、絶対的欠格から相対的欠格に改められた。03（平成15）年、医師国家試験を初めて受験した3人の視覚障害者のうち、1人の全盲男性が合格を果たす。

2007（平成19）年には、人事院が「障害を有する職員が受けるリハビリテーションについて」を通知。「療養」における社会復帰のためのリハビリの位置づけを提示し、視覚に障害を負った職員の職場復帰に必要な点字やパソコンなどの訓練が、人事院規則の研修に含まれることを示した。

2013（平成25）年、雇用分野における障害者への差別を禁止し、合理的配慮の提供を事業主に義務づける改正障害者雇用促進法が成立。16（平成28）年施行された。職場での合理的配慮の指針もまとめられ、24（令和6）年からは事業者による合理的配慮が義務化されている。

今、事務職で就労する視覚障害者の多くがICT機器を駆使しており、情報交換の場もSNSなどのネット空間が主流となっている。年輩の三療業者が多い既存の視覚障害者団体とは隔たりが感じられる。そして、いずれにも接点が持てずにいる中途の視覚障害者も存在する。こうした態様が多様な視覚障害者を結びつけるのも、やはり情報の役割になるだろう。

アビリンピック（全国障害者技能競技大会）。視覚障害者がパソコン操作の技術を競い合う（千葉市で、2008年）

11 相次ぐ訴訟、福祉に影響——昭和50年代前半

この時期、視覚障害当事者や家族による裁判が相次いだ。それぞれの訴訟で問われたものを突き詰めると、それだけで一つのテーマが成り立つほどの意味を持ち、その後の年金・福祉制度や施設整備に一定の影響を与えた。ただ、在日外国人の一部に無年金状態が続いているなど、今なお全面解決に至っていない問題は残る。

生存権をめぐる闘い

障害福祉年金と児童扶養手当の併給禁止は違憲だと訴えた「堀木訴訟」の控訴審判決が1975（昭和50）年11月に言い渡され、一審の神戸地裁の原告勝訴判決が全面否定される結果となった。同じ時期、元在日韓国人の女性が過去の国籍により障害福祉年金を支給されないのは違憲として大阪府知事を相手取った「塩見訴訟」が争われた。共に多くの支援者を集め、社会的な関心も高まった。いずれも立法裁量の範囲内で違憲とは言えないとの結果に至るが、日本の社会保障の在り方が問われた訴訟と位置づけられている。

薬害による失明に対する製薬会社の責任を問う訴訟や、新生児の医療事故で未熟児網膜症を起こした病院の責任を問う訴訟もこの時期、全国各地で争われた。

さらに、鉄道事故の被害者やその家族による訴訟も注目された。駅ホームからの転落事故をめぐって当時の国鉄の安全対策が問われたもので、1975年に提訴された「上野訴訟」、翌76（昭和51）年提訴の「大原訴訟」はそれぞれ一審で原告の訴えが認められた。どちらも裁判闘争は続き、最終的にはいずれも和解が成立する。これらの訴訟は、駅ホームにおける点字ブロック敷設が全国的に広がる

ことにつながった。

教育と雇用にみられた変化

1979（昭和54）年4月から養護学校の義務制が実施される。その準備の過程においては、歓迎の声が上がる一方で、障害当事者の中に激しい反対の声があった。そうした時代にあって、視覚障害者や家族の中にも地域の学校で学ぶ統合教育を求めて地元で交渉する人が続出し、地域差はあったもののの受け入れ事例も増えていく。それは同時に、盲学校における教育の在り方が問われ始めたことを意味するものでもあった。

雇用分野では1976（昭和51）年5月、身体障害者雇用促進法が改正される。民間企業において身体障害者の雇用義務が強化され、雇用率未達成の企業に対する納付金制度が創設された。ただ、視覚障害者が雇用される例は少なく、さっそく障害種別の雇用率設定を求める声が上がった。

一方でこの時期から、教員を含め公務員として試験にパスして採用される視覚障害者の事例が少しずつ増えていく。司法試験に点字で受験を続けた竹下義樹氏が、9回目の挑戦で、全盲の視覚障害者として初めて合格したのは1981（昭和56）年のことだった。

定着への兆しも

コンピューターを利用した点字編集と製版が出版所で導入されるようになったのは1970年代の末。80年代になって点字プリンターの開発も進み、やがて点字をパソコン上でデータとして扱うという考え方が定着していく。この時期が点字のデジタル化元年と言える。

同じようにこの時期から定着していくものに、まちづくりや鉄道などにおける設備面での規格や指針づくりが挙がる。例えば1975年7月、警察庁の盲人用信号施設研究委員会が、交通信号機の音響について基本的な考え方をまとめたとの記事が残る。使用するのは単サイクルの断続音またはメロディーとし、曲は「とおりゃんせ」か「故郷の空」にするというもので、警察庁はこれを元に全国に通知を出した。

国際障害者年

後に「日本の障害者福祉を大きく変えた」と評価されることの多い「国際障害者年（IYDP: International Year of Disabled Persons)」は1981年であった。

東京・日比谷野外音楽堂で開かれた、国際障害者年身障福祉充実要求全国大会の様子（1980年）

1976年の国連総会で同年を国際障害者年とすることが宣言された。

1977（昭和52）年には、米国において4年前に制定されたリハビリテーション法504条が施行された。そのインパクトの大きさを、点字毎日紙面も記録している。連邦政府の財政的援助を受ける事業計画においては、障害があることによって差別されることがあってはならないと定めた人権政策で、教育や雇用、公共建築物などあらゆる分野を包括するという内容だった。

これら海外の動きに刺激を受けつつ、国内でも1980（昭和55）年から国際障害者年を迎える準備が本格化した。政府が3月、総理府に国際障害者年推進本部を設置したのを皮切りに、民間の障害者団体も協力する官民合同の特別委員会、障害者団体と学識経験者による日本推進協議会が発足した。翌81年にいよいよ国際障害者年を

「障害者の日」12月9日に

推進本部 あす決定

「障害者の日」の制定を伝える毎日新聞記事（1981年7月28日付朝刊1面）

迎えると、さまざまな啓発事業が行われた。政府は同年7月、毎年12月9日を「障害者の日」とすることを決定した。

そうした動きの中で1979年12月、民法及び民法施行法の改正により身体障害者を準禁治産宣告の要件から廃止することが決まる。1980年には公営住宅法の改正で、身体障害者等の単身入居の道が開かれる。そして、国際障害者年の81年5月、「障害に関する用語の整理のための医師法等の一部を改正する法律」が公布され、「つんぼ」「おし」「盲《めくら》」という言葉が改められるなど、障害者の人権に絡んだ制度見直しも続いた。

1981年度版『厚生白書』では、障害者に焦点が当てられた。生活環境の悪さや限られた職場、偏見など当時の日本社会の厳しい現実を直視した上で、これから目指すべき社会は、健常者と障害者が融合した「ノーマライゼーション」を基本的な枠組みとするべきだと強調する内容だった。その理念は次の時代へと受け継がれていく。

自立と社会参加⑥

移動と交通の変遷

右手に白杖を持って歩く姿を青地に白の２色でデザインした「盲人のための国際シンボルマーク」をご存じだろうか。日本盲人福祉委員会のホームページによると、１９８４（昭和59）年秋、サウジアラビアのリヤドで開かれたＷＢＵ（世界盲人連合）の設立総会の場で制定されたという。

盲人のための国際シンボルマーク

白杖が日本国内で法的に規定されたのは１９４７（昭和22）年、道路交通取締法でのことだった。それまでには、地域によって赤い色のタスキやリボンなどが、外部に視覚障害者であることを伝えるシンボルとして試みられたという記録が残る。移動の自由と安全の確保はこの間、社会参加のための前提として、当事者と関係者の変わらぬ願いだった。

とはいえ、一人で歩く盲人が多かったわけではない。多くは家族の介助に頼っていた。１９４０（昭和15）年、東京市電気局が市内の盲人のために付き添い者の電車賃の免除を決める。東京市内に在住し、外出の際に付き添いを要する盲人に限り手帳を交付する形で対応した。50（昭和25）年、国鉄も同様の割引を開始。同年、身体障害者福祉法で「盲人安全杖」（白杖）が補装具に指定され、51（昭和26）年度から交付制度が始まる。

◆点字ブロックが岡山に初敷設

１９５３（昭和28）年、道路に自動車と市電が行きかう大阪の街を歩く視覚障害者が、市電の交差点に「音のシグナル」を設置することを身体障害者公聴会の場で提起した。その音の出る信号機は55（昭和30）年、東京都杉並区に初めて登場する。60（昭和35）年には、名古屋市でメロディー式の交通信号機の実験が行われる。全国的に広がるにはさらに時間を要した。警察庁の盲人用信号施設研究委員会が、メロディーでは「とおりゃんせ」

か「故郷の空」に、擬音式で「ピヨピヨ」「カッコー」に統一して全国に通知するのは1975（昭和50）年のことだった。一方で65（昭和40）年、点字ブロックが現在の安全交通試験研究センターにより考案され、2年後の3月、岡山市に全国で初めて敷設された。その点字ブロックの突起形状や寸法、配列は2001（平成13）年にJIS（日本産業規格）に制定され、12（平成24）年にはISO（国際標準化機構）の国際規格にもなった。

　こうした安全歩行のための環境に変化が見られるようになっていた1970（昭和45）年、日本ライトハウスで第1回歩行指導員養成講習会が開かれ、日本で最初の歩行訓練士12人が誕生する。ここから視覚障害者の歩行訓練が本格的に始まっていく。

　一方、1974（昭和49）年度の国の予算で、身体障害者福祉法の地域活動促進費のメニュー事業に「盲人ガイドヘルパー派遣」が追加され、付き添い者が公的に派遣される仕組みが制度化される。都道府県・政令市の障害者社会参加促進事業に位置づけられていた盲人ガイドヘルパー派遣事業は、88（昭和63）年度予算から身体障害者家庭奉仕員派遣事業と一緒になり、市町村の実施事業に移行された。利用者には自己負担が導入されたが、各種大会や行事、余暇活動への参加にもガイドヘルパーの利用が可能となるなど利用範囲が拡大された。

　1978（昭和53）年、道路交通法が改正され、視覚障害者の盲導犬使用が法的に位置づけられる。国内に盲導犬が初めて紹介されたのは1938（昭和13）年で、40年かかったことになる。なお、国産の盲導犬が誕生したのは57（昭和32）年のことだった。

訓練中の国産盲導犬第一号、チャンピー（東京都練馬区で、1957年）

◆ホームドアの登場

視覚障害者の移動をめぐっては、交通事故のほかに、鉄道利用時の駅ホームからの転落が後を絶たない。こうしたなかで2000（平成12）年、東京都営地下鉄三田線で「ホームゲート」（いわゆるホームドア）が本格運用された。同年5月成立の「高齢者・身体障害者等の公共交通機関を利用した移動の円滑化の促進に関する法律（交通バリアフリー法）」に基づく「移動円滑化基準（バリアフリー基準）」に、初めて鉄道駅での視覚障害者の転落防止策が規定され、これに従うことが鉄道事業者に求められるようになったのである。新設駅などでは可動式ホーム柵の設置が義務化されるなど、基準の内容はこの後も見直されていく。

JR京都線・高槻駅のロープ昇降式ホーム柵

建築物においても、2002（平成14）年7月に成立した「高齢者、身体障害者等が円滑に利用できる特定建築物の建築の促進に関する法律の一部を改正する法律」（改正ハートビル法）で、2000平方メートル以上のデパートやホテル、劇場などでバリアフリー化が義務づけられ罰則規定も設けられた。「交通バリアフリー法」と「ハートビル法」は06（平成18）年、「バリアフリー法」として一本化され、障害者や高齢者がより便利に、安全に公共空間を利用できるための制度が整った。

ガイドヘルプサービスの仕組みは2003（平成15）年、障害者サービスが措置制度から利用契約制度に移行したことに伴い、まずは支援費制度の下で行われることになり、利用者はサービス事業者との間で契約を結び、費用は実施主体の自治体から事業者に支払われる仕組みに変わった。06年から一部施行された障害者自立支援法の下で、視覚障害者の移動支援サービスは市町村が実施主体となる「地域生活支援事業」に位置づけられ、事業内容に地域間格差が表面化した。

同法改正で、移動支援のための新しい制度「同行援護」が2011（平成23）年10月に創設される。利用を希望する視覚障害者はガイドヘルパーを派遣する事業所と契約した上で、移動時や外出先で必要な視覚的情報の支援（代読・代筆）を受ける仕組みである。

2020（令和2）年2月には、国内で新型コロナウイルスの感染が拡大、視覚障害当事者や支援団体も活動の自粛を余儀なくされた。外出や人との接触を避ける生活の中で、ガイドヘルプサービスの利用も停滞し、不便を強いられる当事者は多かった。

また、鉄道駅ホームからの転落事故が相次ぐ中、視覚障害者自身が歩き方を見つめ直すべきとの声が当事者から出てくるようになり、地域でいつでも歩行訓練を受けられる体制づくりを求める声も高まっていた。支援する歩行訓練士らも意欲を示し、いよいよ仕組みづくりへという機運が感じられるようになったところで、新型コロナウイルスの感染拡大という状況に至った。

コロナ禍を経て平静を取り戻した今、優先して解決を図るべき移動問題の課題は何か。共通理解を得るための当事者間のコミュニケーションが必要となっている。

12

「具体性なき」長期計画——昭和50年代後半から昭和末期

「完全参加と平等」がテーマだった国際障害者年。翌1982（昭和57）年12月の国連総会では「障害者に関する世界行動計画」とその実施が採択され、1983〜1992年を「国連障害者の十年」とすることも宣言された。世界行動計画の三つの目標、①障害の予防、②障害者のリハビリテーション、③障害者に対する機会均等化が世界各地で浸透するよう取り組まれた。

日本国内でも障害者政策に初めて本格的な長期計画を策定する手法が導入される。同年、政府の国際障害者推進本部が「障害者対策に関する長期計画」（1982−1991年度）を決定。同推進本部を、内閣総理大臣が本部長を務める「障害者対策推進本部」に改めることも閣議決定された。計画策定にあたっては、政府が設置した「中央心身障害者対策協議会」の意見が参考にされ、有識者や障害者団体の代表らを交えて障害者施策が検討される体制が形として は成立した。

その最初の長期計画は、「啓発広報活動」「保健医療」「教育・育成」「雇用・就業」「福祉・生活環境について」の5分野について、当面の障害者施策の目指すべき方向性を示した。が、当時の点字毎日紙面では「予算の裏付けも年次計画もない具体性の極めて乏しいもの」と厳しく評価されている。

障害基礎年金の創設

1984（昭和59）年の通常国会に、障害基礎年金の導入を盛り込んだ国民年金法改正案が提出された。所得保障の観点から障害者団体がこぞって早期実現を期待した同法は、翌年4月に成立し、1986（昭和61）年4月から障害基礎年金制度が創設されることが決まった。基礎年金の導入による年金制度一元化で「一人一年金」が原則となり、これまで障害福祉年金を受給しながら拠出制の国民年金（老齢年金）に加入し保険料を納めていた障害者の掛け損も懸念されたが、救済するための「特別一時金」の制度も設けられた。

それまでの無拠出制年金を、主として老後の生活を支えるための保険である拠出制年金と統合する仕組みの実現で、障害基礎年金2級の年金額は老齢基礎年金の額と同額となった。創設時の年金額は1級が6万5000円、2級が5万円。障害年金の額は、従来の障害福祉年金と比べると約2倍の大幅な引き上げとなった。

その一方で、福祉施策には「応能負担」の考え方が導入される。1984年の身体障害者福祉法の改正で、更生施設入所者に費用徴収を行うことが打ち出され、障害基礎年金制度の導入に合わせて実施するとした。この改正では「すべて身体障害者は、社会を構成する一員として社会、経済、文化その他のあらゆる分野の活動に参加する機会を与えられるものとする」との理念が規定されるという意義があったが、これを機に、制度利用に際して所得などに見合った負担が求められることになった。

1985（昭和60）年、費用負担について検討する委員会が身体障害者福祉審議会の下に設置され、受益者の利用費負担の在り方が検討された。その結果、本人の収入認定を踏まえて費用負担を求め、限度額に満たない部分を扶養義務者の納税額に応じて徴収する方式が導入された。これは老人福祉施設で先行していた費用徴収と同様の方法だった。

1986年から身体障害者更生施設や授産施設の利用者を対象に費用徴収が実施されると、「親からも費用を取るのは自立を妨げる」と反対運動が激化。各自治体での実施の足並みは大きく乱れたとの記事が残る。

厚生省は1988（昭和63）年度予算から、都道府県・政令市による障害者社会参加促進事業に位置づけていた盲人ガイドヘルパー派遣事業を身体障害者家庭奉仕員派遣事業に組み入れ、市町村の実施に移行させた。ここでも利用者の自己負担を導入したが、その一方で、各種大会や行事への参加にもガイドヘルパーの利用を可能とするなど利用範囲が拡大された。

各分野に新たな動き

１９７０年代に米国では、障害当事者が主体となってサービス機関を運営したり、グループホームなどでの地域生活を促進したりしようとする自立生活運動が盛んになっていた。この時期、同様の動きが日本にも徐々に広がり、入所施設から地域生活への移行という方向性が明確になっていく。

雇用分野では、中途視覚障害者の職場復帰事例が報告されるようになった。そして、新規採用では「産業マッサージ師」への関心が高まる。今でいうヘルスキーパーのことで、デパートや銀行、役所などで視覚障害者の雇用事例が増えていく。

１９８４年11月に発行された新紙幣には、視覚障害者の識別マークが採用された。後に盛んになる識別におけるバリアフリーの先駆的な事例ともいえるが、せっかくのマークも「分かりにくい」と必ずしも評価は高くなかった。

一方、当時の郵政省は１９８４年から翌年にかけて、郵便貯金のＡＴＭ（現金自動受払機）に点字表示機能と音声ガイダンスを順次導入した。公共料金の領収書などで点字サービスも広がっていくが、まさに同じ時期、パソコン上で用いる視覚障害者向けワープロソフトの開発が盛んに行われていた。84年には、点字入力した文字を合成音声の出力で確かめられるソフトウェア「ＡＯＫワープロ」が高知システム開発から発売される。そして、ＭＳ－ＤＯＳが国内でも標準的なＯＳとなると、漢字仮名交じり文を音声で読み上げるシステム、いわゆる「スクリーンリーダー（画面読み上げソフト）」が相次いで開発され、墨字へのアクセスに挑む視覚障害者が増えていく。

そして平成の時代に入ると携帯電話が普及し始め、音声利用の比重がますます高まっていく。それは点字の位置づけが相対的に低くなっていく時代の始まりであった。

1984年から郵便貯金のATMに点字表示機能や音声ガイダンスが導入された

点字新聞の挑戦⑥

「次の半世紀」へつないだ人たち

点字毎日が創刊から50年を迎えた頃、そのあり方を模索した人たちがいる。1960（昭和35）年から86（昭和61）年まで点毎の記者だった全盲の高橋実と、71（昭和46）年から14年間にわたり編集長を務めた晴眼者の銭本《ぜにもと》三千年《みちとし》だ。2人はどんな思いで発行に携わったのだろうか。

◆点毎記者を目指して

北海道妹背牛《いもせうし》町の農家に7人兄弟の一人として生まれた高橋は、4歳の頃に失明した。地域の小学校に1年だけ通った後、盲学校に移り、徹底的に点字の読み書きを学ぶ。高橋自身、「点字を読む速さには自信がある」と語っていたほどだ。

あはき一辺倒の盲学校教育に反発を覚えたのは中学生の頃。「兄弟は仕事を選べるのに、自分たちにはそれがないのはおかしい」。不登校の時期もあったが、「一人一人のための教育に熱心」と評判の岩手県立盲学校の校長を頼って、同校の中・高等部で学んだ。そこで初めて点字毎日を読み、その編集長が全盲と知って大きな衝撃を受けた。

政治家か弁護士になることを考えていた高橋だったが、人の話を聞いて社会の在りようを知る点毎の記者を目指すようになった。そんな思いを大野加久二編集長への手紙につづったところ、「簡単に考えてはいけない」との返事が来たが、決してあきらめなかった。

点字受験を認める大学が全国で10校足らずという時代に、進学を決意したのも新聞記者になるため。日本大学に入学し、精力的に点毎に投稿し、売り込んだ。卒業が近づき、晴眼の記者と肩を並べるには目が必要と、晴眼者の妻と結婚する。しかし、就職はできなかった。上京してきた当時の松尾純雄《すみお》編集長を訪ねたが、「定員枠がないから難しい」と告げられた。帰郷も考えたが、応援してくれる人たちの支えもあり、東京での生活を続け、2年を経て、点毎スタッフになった。

駆け出しの頃は、長谷川功《いさお》編集長に大いに鍛えられた。後に「点字ジャーナル」初代編集長に就任した同氏は、高橋が「点字が好きな人」と形容したように、記者の原稿を点字タイプライターですべて打ち直し、手を加えるなど、着任後に使い方を覚えたとは思えないほどの腕前だった。

駅員に誘導を頼むと、「障害者割引があるだろう」と介助者の同伴を求められるような時代である。高橋は取材にはいつも妻を伴い、子どもが生まれてからはその手を引いて出かけた。やがて、それは4代にわたるアシスタントに引き継がれ、点筆をたずさえ、ほぼすべての都道府県を訪れた。

さまざまな紙面企画にも挑戦した。1974（昭和49）年に連載された聴覚障害者の松本晶行《まさゆき》弁護士による「法律散歩」や、76（昭和51）年から2022（令和4）年まで続いた「和波孝禧《わなみたかよし》が選ぶクラシック新譜」（現在は「和波孝禧の音楽雑記帳」として連載中）などを担当。点毎50年を機に創刊からの歴史的な記事をまとめた『激動の半世紀』には、同じく全盲記者の石森優《まさる》とともに出版事業本部長賞が贈られた。

常に心がけていたのは「記者として汗をかけない自分は、知恵を出さなくては」ということだった。

◆「盲人の言論」守り抜く

一方、銭本が点毎とのかかわりを持ったのは、大学生時代。在学していた同志社大学に通う5人の視覚障害学生を支援するため立ち上げた「盲学生友の会」を取り上げた新聞記事が大野編集長の目に留まった。

1953（昭和28）年から点毎編集部でアルバイトを始め、翌年、雇員として採用されて記者になった。その後、毎日新聞の広島支局などに異動したが、購読者数が伸び悩んでいた点毎への復帰を希望。再配属後は改革に着手した。

まず取り組んだのは、読者大会の開催。各地の盲人協会に協力を求め、全国を回って読者の生の声を聞いた。三療中心だった紙面内容を一新し、前半に視覚障害者向けの一般ニュースを掲載。後半に関連の解説記事や連載を置き、現在のスタイルの基礎を築いた。ページ数増加を図り、粗悪だった用紙の質を高めるべく、改良にも取り組んだ。

点字新聞の晴眼編集長として陣頭指揮を執った銭本は「視覚障害者を取り巻く問題は人権問題。見える、見えないは関係ない」との信念の下、「盲人のための言論」である点毎を守り抜いた。

◆「すべての原点」

1971年5月、「創刊50年記念　点字毎日愛読者感謝の集い」に数百人の読者が集まった。この席で、発起人代表をつとめた日本点字図書館創設者の本間一夫から「日本盲人の半世紀を振り返るとき、すべての原点は点毎にあった」との賛辞が贈られた。

創刊から50年を経た「点毎」は、高橋・銭本をはじめとする人たちによって、着実に次の半世紀へとつながっていく。

輝く時代のメッセージ　全国盲学校弁論大会

毎日新聞社点字毎日主催「全国盲学校弁論大会」は2024（令和6）年大会で第92回を数えた。刻まれた歳月の中で、数多くの弁士が演壇から社会へ訴え、仲間に熱く語りかけ、多くの聴衆に感動の輪を広げてきた。

第1回大会は、1928（昭和3）年6月24日、点字毎日（当時は点字大阪毎日）創刊5周年を記念して、「全国盲学生雄弁大会」と称して開催された。当時の大阪毎日新聞の紙面や社内報によると、会場の大阪毎日新聞本社大会議室には、約400人の聴衆が詰めかけるほどの盛況。16校16人の弁士が出場し、「特殊教育の充実と盲人の使命」と題して弁じた大分県立盲学校の二宮《にのみや》義雄さんが優勝した。以来、太平洋戦争末期から終戦の混乱期など、一時中止された時期もあったが、大会は毎年の恒例行事として現在も続いている。

ここでは、2001（平成13）年の連載をもとに歴代の大会優勝者から3人と、最新の第92回大会の優勝者を合わせた4人の弁論について、各時代の背景を振り返りながら紹介する（年齢、肩書き、施設名などは取材当時。弁論文は点字原文から点字毎日編集部が墨字化）。

全国盲学生雄弁大会第1回大会の様子。左上の円内は優勝トロフィー

1 第5回大会優勝弁論

「光は闇の中に輝く」——熊谷善一さん

大会創設間もない1932（昭和7）年の第5回大会では、20校20人の弁士が熱弁をふるった。この大会で優勝した東京盲人技術学校（現・東京都立文京盲学校）の熊谷善一《くまがいぜんいち》さんの弁論「光は闇の中に輝く」は、ひときわ異彩を放った名弁論として語り継がれている。格調高く、深い哲学的な思索に裏打ちされた障害者観は、今日にも多くの示唆を与える内容で、当時の審査員たちも「論旨平凡ならず。理想悠々と輝けるは、異彩を放つ」などと絶賛した。

熊谷さんの優勝の裏には、ちょっとしたエピソードがあった。熊谷さんは、病気のために出場できなくなった級友のピンチヒッターとして出場したのだ。大阪へは、下級生だった芹沢勝助《せりざわかつすけ》さん（後の筑波大学名誉教授）が介助者として同行したという。熊谷さんは後に、磐城《いわき》と改姓し、愛知県新城市で長く三療業を営み、82（昭和57）年に他界した。

元文京盲学校教諭の竹村実さんは「私が赴任した昭和30年代から40年代にかけては、校内弁論大会が盛んで、盛り上がっていました。熊谷さんの弁論は、創立80周年記念誌の編集時に読ませていただきましたが、格調の高さに感動しました」と話していた。

光は闇の中に輝く

東京盲人技術学校　熊谷善一

誰しも自己というものには二つの面を有して、月の如《ごと》くその片側は世界の人に見えても、さらに陰になった一面があります。人間は生物です。生きておればこそ不完全であり、完全というところに到達すれば、そこには進化もなく、創造もなく、もはや生命そのものがないのであります。完全と欠陥とは、常に相対的の言葉であって、欠陥があればこそ発達があり、暗黒があればこそまた光明も尊いのであります。人としての致命的な欠陥、すなわちその良心が脱解《だっかい》せざるかぎりにおいて、欠陥は完成への道程であり、また刺激となって、絶えず我らを指導し鞭撻《べんたつ》してくれるものであります。

盲人といえば、すぐ人々の脳裏の奥には、杖にすがって暗い人生の半面をさまよい歩く、哀れな旅人の姿を思わせます。しかし諸君！　それが盲人のすべてではありません。むしろ、その半面において人生の根本源泉ともいうべき精神生活の中に、常に我らは永遠の光を追うてあこがれる理想を有しているのであります。永遠の光とは何であろう。これこそ、太陽も照らさず、月も星も、また電光も輝かないところに存するひとつの光であります。一切の事物と言えどもこの輝けるものの反映であり、またこの力と光によって宇宙も照らされているのであります。

かく言えば、何か空漠たる空理を談ずるようでありますが、すべての哲学も科学も、要するにかくの如き白日の光明によって、我らの知識を整頓せんとするものであります。人々が視覚を通じて意識したる人生観、生命観、世界観そのものと、我らが視覚を通ぜずして意識したる人生観、世界観あるいは直接我らの心に投影し、我らの魂を躍動させているところの現象社会と、その両者の根底において果たして幾ばくの相違があろうか。クリストが山上における寂寞直観《せきばくちょっかん》の際、自己の精神にこの神秘的合一を体得したそれは、万有愛の理想であったのであります。仏陀《ぶっだ》が過去数十年のあいだ、もだえにもだえた煩悩《ぼんのう》生活から初めて涅槃解脱《ねはんげだつ》の境地に入《い》ったのも、期するところは、自己ならびに自己と交通しうる精神の根底が、みなひとつの宇宙形式であることを悟り、大《だい》なる同情をもってこの精神の中に交通し、生活し、行動することが人間本然の要求であるという一条の理想を得たのにほかならぬのであります。山も海も空もみな、我と我が心の一部であり、また我らは彼らの一部ではあるまいかと言った、かのバイロンの名言は、ひとたび人が崇高なる大自然の心に触れて、その美と荘厳とにうたれた時、初めて発しうるところの大歓喜の言葉であると思います。

たとえ視覚の自由を失ってもなお、我らの魂によって最も深い意味においての大自然の姿を完全に認識することが出来うると思います。肉体的欠陥をもってただちにそれが精神的欠陥であると考える人があるとしたならば、それ自身、大なる錯誤と言わなければなりません。肉体的にもせよ、我らは大なる暗黒を感じている以上、我らの魂は、より大なる光明を求めつつあります。元来、人類生存の目的は、単に物質的、肉体的、現実的な範囲にとどまるものではなく、やぶれたるものといえども、この世に生存している限り、ただ根本成就の光に照らされつつ、自己の実現を期するところに、人生の目的があるのであります。

2 第26回大会優勝弁論「友情箱」──宮村健二さん

空襲で壊滅的な被害を受けた日本は、終戦の翌年から、石炭や鉄鋼などの基幹産業に資材、資金、労働力を重点配分して生産拡大を図り、経済復興に取り組んできた。特に造船業は、国の「計画造船」によって立て直しと近代化を促進。その結果、1955（昭和30）年には、世界経済の好況、朝鮮戦争に伴う船舶の受注拡大などを背景に国内経済は活況を呈し、急速な経済成長を成し遂げた。

第26回大会が開かれた1956（昭和31）年はまさに、国中が建国以来の好景気（神武景気）に沸いた年だった。一方、その陰で、経済成長の原動力ともなった造船業を舞台にした戦後最大の贈収賄事件「造船疑獄」が、世間を騒がせた。こうした社会状況を背景に、石川県立盲学校の宮村健二さん（全盲）は、政財界での出来事を遠い世界の問題としてではなく、身近な問題に置き換えながら、日本人の心に広まりつつあった利己的精神に警鐘を鳴らし、優勝した。

大会には19校が参加。宮村さんは当時14歳、中学部3年生だった。「元々あがり症で、かなり緊張しましたね。でも、いざ順番が回ってくると肝が据わって、一生懸命自分の主張を伝えることができたと思います」と、当時を懐かしむ。「ほかの弁士は私からみれば皆さん大人で、堂々と主張を述べておられたので、私の名前が優勝者として呼ばれたときには本当にビックリしました。でも、この時に開き直りのコツがつかめたようで、大学受験などで役立ちました」と笑った。

信条は「出会い、理解、思いやり」。「身近なところや視点から物事に接すれば、理解も思いやりも自然に生まれると思っています」と語る。こうした信条は、中学時代からすでに培われていたようで、優勝弁論の中にもその片鱗を見ることができる。

宮村さんはその後、専攻科理療科を卒業後、東京教育大学へ進み、1964（昭和39）年から教諭として母校・石川県立盲学校の教壇に立った。92（平成4）年には新設の筑波技術短期大学鍼灸学科助教授に就任するが、97（平成9）年に職を辞し、金沢市で鍼灸院を開業。98（平成10）年2月から12月まで、点字毎日に「私の脱サラ臨床記」を寄稿連載もした。患者さんとの出会い、理解、思いやりの気持ちを大切に、地域の人々の健康増進に貢献してきた。

友情箱

石川県立盲学校　宮村健二

桜花咲き誇る1カ月前のある日の夕暮れ、ラジオで、ある学生が苦学生のためにと、幾ばくかの金を乏しい小遣いから差し出したことが動機になって、各方面の寄付が集まり、友情箱となり、苦学生たちに大きな福音となっていることを聞きました。

この話を聞いた時、私《わたくし》は、ふと聖ルカ病院のことを思い出したのであります。アメリカのメリー嬢は、恐ろしい結核と貧しい生活との闘いに一生を費やし、臨終にあたり、彼女の全財産とも思われる1ドルの金を差し出し、どうかこれで自分と同じような境遇の人々を救ってくださいと遺言して、神のもとへとこの世を去ったのであります。しかし、残されたたった1ドルの金で何ができるというのでしょうか。ところが、やがてこの話がアメリカ全土に伝わり、多数の人々が彼女の真心に感動して、幾ばくかの資金を出し合い、それが元となって現在、世界に広まっている聖ルカ病院ができたのであります。なんという温かい、そして人間愛に満ちた話ではありませんか。

しかるに、現在の社会はどうでしょうか。最近の話題の中に、汚職などの不正事件や、米・英・ソの原水爆実験の強行実施など、醜く不道徳な事柄が多数ありますが、いったいこれらの事件の発生源はどこにあるのでしょうか。少しの例外はあっても、これらの事件を突き詰めていけば、そのほとんどが利己的精神のため、人の迷惑をかえりみず、他人を愛する尊い心根に欠けているからでありましょう。これは、我々の身近に起こる問題、すなわち友人間のつまずきや、家庭内での対立などにおいても何ら変わるところはありません。すべて皆、元をたどれば、愛無き利己的精神のためという結論に達するのであります。このように一般社会においても、愛無き利己的精神が捨て去られていないのに対して、我々盲界においてはどうでしょうか。

我々盲人は、いろいろな面で社会から恩恵を受ける立場にあります。すなわち、我々は点訳奉仕や身体障害者福祉法などによって、そのハンディキャップを大きく補われているのです。こんなことを考える時、私はいつも友情箱の精神やメリー嬢のけなげな愛に感動をさらに強めるのであります。そして、たとい中学生なりにも社会の恩恵に報いたいと考え、風水害や火災などで罹災《りさい》者が多数出た時に、わずかではありますが毎月貯金しておいた小遣いを義援金として送るなど、自分の力の及ぶ限り努力しております。しかし、現在、盲人の一部の中には、社会の恩恵に慣れ、それどころか自分は盲人なのだから、社会が自分たちのために尽くしてくれるのは当然のこと、と至って利己的な考えを持つ者がいると聞いております。そこで、私は盲人に対して、いや、もっともっと広く世界人類のすべてに対して、声を大にして、こう叫びたいのです。利己的精神を捨てて、奉仕的精神の涵養《かんよう》に努めよと。

その昔、イエス・キリストが説いたように、奉仕的精神とは愛の精神に通ずるのであります。私は、友情箱の精神や聖ルカ病院設立の尊い愛こそは、真の世界平和を樹立し、人類の上に多大なる幸福をもたらすためのほかのいかなる手段にも勝る唯一の手段であることを固く信ずるものであります。みなさん、私たちは共々に、あの友情箱の学生やメリー嬢のように、崇高な愛を固く胸に抱き、雄々しく社会に貢献し、立派に進もうではありませんか。

3 第52回大会優勝弁論

「私の見つけた青い鳥」―― 田端里美さん

第52回全国盲学校弁論大会は1983（昭和58）年10月15日、大阪市北区の毎日文化ホールで開かれた。優勝は、「私の見つけた青い鳥」と題して、中途失明の後、一人歩きができるようになって、人の親切や温かさを身にしみて知ることができ、その後の人生観が大きく変わった体験を語った福岡盲学校高等部普通科1年の田端《たばた》里美《さとみ》さん。この年は、障害者の完全参加と平等をうたった「国連障害者の十年」がスタートした年。中途失明というハンディを自力で克服し、社会参加を目指そうと努力する一人の女生徒の姿は、多くの聴衆にさわやかな共感を与えた。

福岡市出身の田端さんは、未熟児網膜症のため生まれつき片方の目が見えなかったが、地元の普通の小学校、中学校へ通学。中学1年の時にもう片方の目も光を失い、その後、盲学校へ入学して寄宿舎生活を始めた。その時の体験や思いを弁論にした。

田端さんは、全国大会に出場し優勝した経験について、「大勢の聴衆の前で自分の考えを主張したこと。そして、多くの方々が私の話を熱心に聞いて、受け入れてくださったことは、その後の私自身や仕事の面でも自信につながりました」と話す。高等部普通科を卒業後は、国立福岡視力障害センターで三療を学び、筑波大学理療科教員養成施設に進学。卒業後、同センターに理療科教官として勤務している。

田端さんは、当時のことを振り返りながら、「いまの私があるのは、私の周りで支えてくださった多くの方々のおかげです」と、いまも感謝の気持ちを忘れずにいると話した。

私の見つけた青い鳥

福岡県立福岡盲学校　田端里美

盲学校の生活にもすっかり慣れたころのある土曜日、いつも決まった時間に迎えに来てくれる母が、急な用件のために3時間ほど遅れることになりました。しかも、その日は、遠く離れてめったに会えなくなった小学校時代の友達が、何かのついでに私の家に立ち寄ってくれることになっていたのです。母としてもとっさの出来事に、どうすることもできず、私は楽しみにしていた友達に会えるせっかくの機会を逃してしまいました。そして、一人で歩けない自分のふがいなさが身にしみて感じられ、将来、自立するためにも、どうにかして一人歩きができるようになりたいと思いましたが、厳しい交通事情の前に、ただ立ちすくむばかりでした。

そんなある日、ラッシュアワーの人込《ひとご》みのなか、白杖一本を頼りに電車やバスを乗り継いで一人で通勤しておられる全盲の先生のお話を聞いて、「そうだ、私にもできるかもしれない、やってみよう」と心に決めて、福岡市の心身障害者福祉センターで、夏休みや冬休みを利用して歩行訓練を受けることにしました。

私の最初の目標は、寄宿舎から自宅まで一人で帰ることでした。白杖を頼りに、耳で聞く音、鼻でかぐにおい、足裏の感触や肌に触れるかすかな空気の流れなど、持っている感覚のすべてを働かせて歩きだした私を待ち受けていたのは、歩道の上にところ構わず置いてある車や荷物、あるいは立て看板など、予想以上に厳しいものばかりでした。そして、何よりもつらかったのは、バス停が分からないことよりも、地下街の曲がり角が分からないことよりも、それを人に尋ねることでした。

親切に声をかけてくださる人もありますが、中には、私が大きな声で呼びかけても聞こえないのか、そのまま行ってしまったり、また気がついて立ち止まってくださる人があっても、私にはそれが見えず、きまりの悪い思いをするなど、心身ともにクタクタになり、「もう、やめようか」と思うことが何度もありました。でも、「ここでやめてしまったら、独り立ちのできる人間にはなれないんだ」と思って、失敗してはやり直し、失敗してはまたやり直し。時には車にはねられそうになったり、駅のホームから落ちそうになったりもしましたが、訓練を始めて8カ月後、両親や友人、先生方の温かいご協力を受けて、ついに一人で家に帰れるようになりました。わが家の玄関にたどりついた時の喜びは、忘れることができません。

それからの私の世界は、大きく変わりました。母に手を引かれていたころは、席を譲ってもらっても、それほどありがたいとは感じなかったのですが、一人で歩くようになってからは、どんな小さな親切も、本当にありがたいと思うようになりました。バスの中で席を譲ってくださった女の方に、心から「ありがとうございました」と言うと、その方は「あなたのように、素直に好意を受けてもらうと、こちらも気持ちよく手を貸してあげることができます。私たちも、あなた方へいろいろ協力したいのですが、あなた方のことをよく知らないために、どうしてよいか分からず、つい見過ごしてしまうのですよ」と言われました。障害者の完全参加と平等という目標も、私たちが進んで健常者の中に入っていって、お互いに理解することによって実現するものではないでしょうか。

こうして、人の好意をありがたいと思うようになった私は、自分も何か少しでも人の役に立つことがしたいと思い、進んで献血をしたり、点訳された本の校正のお手伝いをしたりして、感謝の輪を広げるために、ささやかな努力を続けております。差しのべられる福祉の手を、ただ待っているだけというのは、私たち若い者のすることではないと思います。私は一人歩きをするために大変苦労はしましたが、それによって素晴らしいものを見つけることができました。それは、感謝の気持ちがなければ、人間は幸せにはなれないんだということを、身をもって体験できたことでした。チルチル、ミチルが探していた幸せの青い鳥を、私は一人で歩くことによって見つけたのです。皆さんのそばにも、青い鳥はいます。さあ、皆さん。未来への希望と幸せの青い鳥を、一人で歩いて見つけようではありませんか。

4 第92回大会優勝弁論「大切な場所」――カーン・ファティマ・フランシスコさん

２０２４（令和６）年に開催された第92回盲学校弁論大会では、埼玉県立特別支援学校塙《はなわ》保《ほ》己《き》一《いち》学園高等部普通科３年のカーン・ファティマ・フランシスコさんが優勝した。

表情豊かに、よく通る声で熱弁を振るったが、優勝をたたえる拍手の中、唇をきゅっと結んでいた。閉会後、「間違えたり、滑舌が悪くなったりしたところもあったので、自分が選ばれるとは予想外で驚いた。涙が出そうになるのをこらえていた」と明かした。「家族に日本一になったよと伝えたい」と笑顔を見せた。

新型コロナウイルス禍でオンライン開催だった中学時代も地区予選に出場。今年は高校生活最後の年とあって、弁論ではこれまでの歩みを振り返った。人と話すのが好きで、「明るいよね」とよく言われる。だが、学校生活は初めから順調だったわけではなかった。地元の小学校に入学して判明した左目の失明と右目の緑内障。眼鏡をかけて懸命に頑張っても、見えにくさから授業についていくのが難しく、編入した特別支援学級も勉強や運動が十分にできる環境にはなかった。「障害者と関わりたくないという雰囲気もあって、つらかった」という。

転機は小学６年での塙保己一学園への転入。誰もが温かかった。周囲に励まされながら点字も習得し、友人と視覚障害について語り合い、心を開いた。今は陸上部に所属し、高等部の生徒会長に。歌うことが好きで、文化祭では有志とのバンドでボーカルを担当するなど、充実した毎日を送る。学園のように、自分を理解し、寄り添ってくれる人のいる「大切な場所」が、誰にでも見つかるはずだと弁論を締めくくった。

卒業後は専攻科の理療科に進みたい。家族や友人、寄宿舎の先生の肩をもんで腕前をほめられたこともある。「私の手で人の心や体を癒やせている」と感じた。この手を生かし、技術を磨いて、人に寄り添えるようになりたい。その先には、盲学校の先生になりたいという思いもある。

特別審査員のマシコタツロウさんからは、声も高く評価された。人前で話すことは好きだが、大会前日の早朝には緊張から、思わず母に電話をかけたという。「その声にはみんなを引きつけるパワーがあるから、自信を持って」と背中を押された。「大切な場所」での経験を自慢の声に乗せ、生まれ育った埼玉に初めての優勝旗をもたらした。

大切な場所

埼玉県立特別支援学校塙保己一学園
カーン・ファティマ・フランシスコ

2013年の春、私は地元の小学校に入学した。楽しみな気持ちを胸いっぱいに始まった学校生活。だが、その期待と希望は裏切られ、私の学校生活はひどく冷たく苦しいものとなった。

入学してからの視力検査での事。私は検査に引っかかり、地元の眼科へ行くことになった。診断結果は右目は緑内障、左目は生まれつき完全に失明状態だった。だが、私はそこまで驚かなかった。だって、その見え方が私にとって全く当たり前なものだったからだ。ただ一つ、わかったことは「自分は視覚障害者、障害者なんだ」ということだけだった。

慣れない眼鏡をかけ、一生懸命授業についていこうとしても、なかなかみんなのようには受けられなかった。自分の視覚障害について、いくら周りに説明をしても、クラスメートはおろか、担任も誰一人として私の視覚障害に理解を示そうとしてくれる人はいなかった。

毎日、「なんで見えないの？　なんでわからないの？」と冷たいナイフのような言葉を突き刺され、本当につらかった。いつしか私は人との距離を取るようになり、心を閉ざしてしまった。

そんな時、私に転機が訪れた。それは塙保己一学園盲学校との出会いだった。盲学校という存在を知り、驚きと興味で胸がいっぱいになった。なぜなら、以前、見えづらい中一人で走っていたマラソン大会中に「私みたいに目が見えづらかったり、見えなかったりする子たちがたくさん通っている学校がどこかにあればいいのになぁ」と考えていたからだ。

「ここでだったら、元の明るい私に戻れるかもしれない。悩みを分かち合えるそんなすてきな友達に出会えるかもしれない」と強く感じた。そして小学5年生の時に盲学校への転校を決め、小学6年生、新しい場所での新しい春がはじまった。

迎えてくれたクラスメートや先生方は、とても温かく、優しさに満ちていた。転校して間もなく、私は病気の進行で右目もほぼ完全に見えなくなってしまった。いきなり見えなくなってしまったことに絶望し、毎日一人で人目のつかないところで泣いていた。だがそんな時、クラスメートや先生方は、私に「点字」を教えてくれた。いきなり見えなくなってしまったことがショックで最初は点字を覚えるやる気もわかず、点字迷路をたどることすらもさっぱりわからなかった。だが、なかなか読めなくて自信を失いかけていたときにクラスメートや先生方が私に「ファティマならきっとできる。大丈夫だよ。頑張れ!」と優しく肩をたたき、励ましてくれたおかげで、何とか点字の読み書きができるようになった。おかげで私は「見えないから何もできない、ではなく、見えなくても見えづらくても工夫をすれば努力をすればできるようになること」を知り、とても心が救われた。

お互いこれまでの経験を話すと、「ああ、それわかるわかる」などと共感を得られてとてもうれしかった。マラソン大会ではガイドロープなどを使って一生懸命走ることに感動と楽しさを覚えた。たとえつらいことや苦しいことがあっても、信頼のおける先生方が優しく話を聞いてくれ、初めて先生という大人の温かさに触れることができた。お互いの障害に対してばかにしたり、責めたりもせず、本当の意味で助け合って過ごす。そんな毎日がとても楽しかった。

それから徐々に前の「明るい私」に戻っていき、たくさんの友達にも恵まれた。

私は盲学校に転校するまで、人目を避け、自分の障害を他人に悟られないようにして生きてきた。だが、ここで出会った友達や先生方とは恥ずかしがることもなく、素直に自分の視覚障害について話し、お互いに理解をしあい、寄り添い合うことができた。

皆さんもきっと1度や2度は自分のことで悩んだり、苦しんだりした経験があるだろう。だが、安心してほしい。自分のことを理解してくれる、自分に寄り添ってくれる人たちは、必ずどこかにいるはずだから。どうか、どうか自分をつくろわず、あなたのままでいてほしい。

そして自分の殻にとじこもらず、広い世界へ飛び込んでいってほしい。そうすれば、きっとあなたにとって「大切な場所」が見つかるはずだから。

第Ⅲ部　平成から令和の時代へ

13

「あはき法」抜本改正——平成初期

1988(昭和63)年、40年ぶりに「あん摩マッサージ師、はり師、きゅう師等に関する法律」が改正された。資質向上を目的とした抜本改正で、資格試験は国家試験となり、従前の都道府県知事の免許から厚生大臣の免許と変更された。また、養成施設などの入学資格を大学入学資格と同等に引き上げ、修業年限も3年以上とした。

法施行日の1990(平成2)年4月1日までの間に注目されたのは、認定基準づくりのほか、中卒の視覚障害者に対する特例が残ったことに伴う、盲学校における理療教育課程の編成見直しなどであった。施行後は、国家試験の在り方の検討をはじめ、移行期ならではの対応が関係者の中で続いた。

新制度の下で初めて盲学校や養成施設に入学した学生が3年生になった1993(平成5)年2月、第1回国家試験が実施された。実技試験はなく、視覚障害受験者に対する一定の配慮も取り入れられた筆記試験のみで行われ、延べ6500人以上が受験。合格率は、あん摩師試験91・7%、はり師試験88・8%、きゅう師試験88・2%だった。視覚障害者のあん摩師試験の合格率は82・6%で、晴眼者の97・3%と比べて差が開き、盲学校や視覚障害者センターの現場では不合格者対策が課題として浮上した。同時に、あはきに適さない生徒への進路開拓の対応も迫られるようになった。

福祉関係八法の改正

1990年、身体障害者福祉法を含む「福祉関係八法」の改正があった。見直し内容は、ノーマライゼーションを基本にした在宅福祉サービスの法制化、身体障害者福祉関係事務の市町村への一元化などが柱であった。実施主体の市町村への移行により、自治体による財政基盤や地元の利用者のサービス利用ニーズなどによる地域格差の課題がやがて顕在化してくる。

１９９３年11月、「障害者基本法」が議員立法で成立、翌月公布された。１９７０（昭和45）年施行の「心身障害者対策基本法」を大幅に改正したもので、国連障害者の十年（１９８３－１９９２年）で叫ばれた「障害者の自立と社会参加」が法体系の中に明確に位置づけられる意義があった。

具体的な施策で視覚障害者に関わるものをみると、厚生省の１９９１（平成３）年度予算に点字図書給付事業費が盛り込まれたことがある。１９９２（平成４）年２月に「点字図書価格差補償制度」の実施要綱が都道府県などに通知され運用が始まったが、年末になっても実施できない自治体があるなど、制度の安定までには時間を要した。

広がる支援の枠組み

機器開発によって情報アクセス環境が年々進展していたこの時期、視覚障害者がコンピューターを利用するためのソフトウェアが相次いで発表された。周辺機器としては点字ピンディスプレイや点字プリンターがあり、いずれも国産では初めての機種が開発・発売される。これらのソフトや機器を活用して、国語辞典や英和辞典などの辞書類を視覚障害者がデータとして利用できるようになった。

こうした流れを受けて１９９０年、通産省は「情報処理機器アクセシビリティ指針」を策定する。障害者や高齢者が使いやすい機器の開発を促した。１９９３年には「身体障害者の利便の増進に資する通信・放送利用円滑化事業の

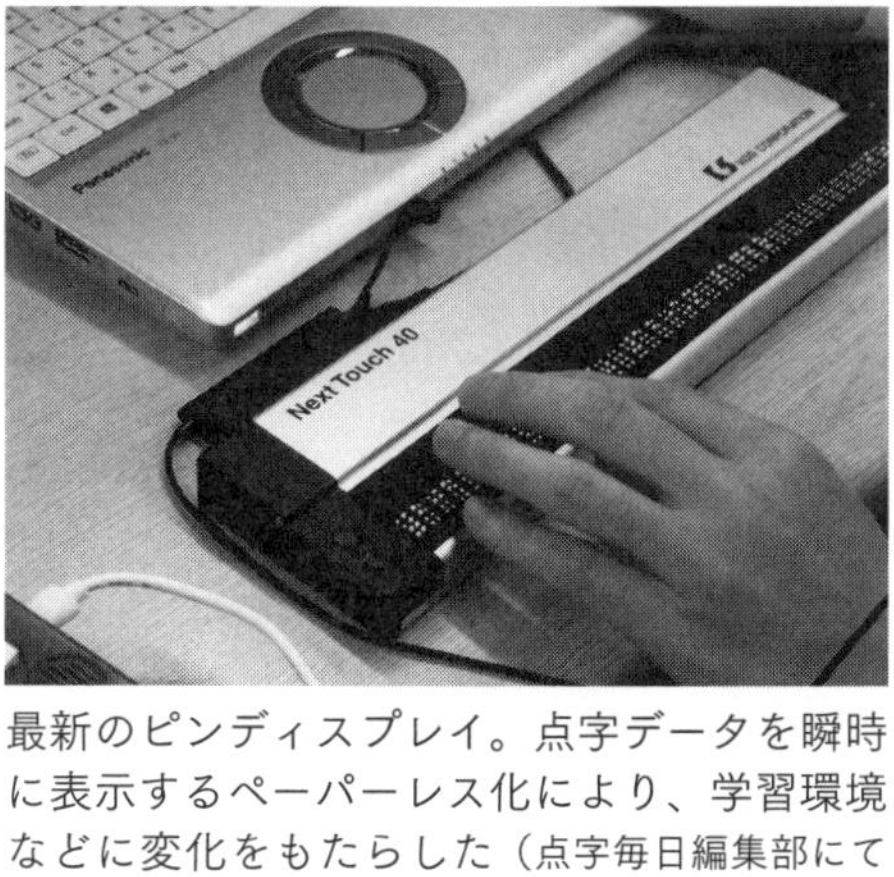

最新のピンディスプレイ。点字データを瞬時に表示するペーパーレス化により、学習環境などに変化をもたらした（点字毎日編集部にて撮影）

推進に関する法律」が成立・公布。テレビの字幕放送、解説放送の充実に向け、サービスに対する国の助成が始まることになった。

就労支援では、職場で視覚障害者の業務を介助する介助者の人件費を助成する、いわゆるヒューマン・アシスタント制度が１９８９（平成元）年に創設される。当初、３年間が期限とされたが、１９９２年の改正障害者雇用促進法で期間は10年に延長された。同じ年、重度視覚障害者を対象に新分野での雇用モデルを作り出す目的で、プロジェクト事業も始まる。検討職種として、ヘルスキーパー、プログラマー、電話交換手が着目され、雇用マニュアルが作られた。

１９９２年６月、政府はＩＬＯ（国際労働機関）第１５９条約「障害者の職業リハビリテーション及び雇用に関する条約」を批准。すべての障害者が適当な職業に就けることを目指し、職業リハビリと雇用に関する措置を講ずるよう規定したもので、１９８３（昭和58）年のＩＬＯ第69回総会での採択から９年かかっての締結だった。

教育分野では、文部省が１９９３年度から通級による指導を制度化した。弱視など軽度の障害がある児童生徒に対し、教科指導などは普通学級で行い、障害特性に応じた指導は特別な場で行われるもので、後に地域での役割として明確になる「センター的機能」が盲学校などに求められることになった。

使いやすさ、暮らしやすさ

「福祉の街づくり」という言葉を聞くようになるのはこの時期からである。建設省は１９９１年度予算で、高齢者や身体障害者が安全で快適に移動しやすくなるために「福祉の街づくりモデル事業」に着手する。１９９３年に大阪府が全国に先がけて「福祉の街づくり条例」を施行し、新築や大規模改修される施設整備にあたっては障害者が安心して利用できるようにしなければならないとされた。10月には兵庫県も同様の条例を施行した。

鉄道駅では、運輸省が１９９１年にエスカレーター、93年にエレベーターの整備指針をそれぞれ策定している。社会参加の前提となる移動環境改善はこの後も続く。

「共用品」という考え方が取り入れられたのもこの時期だ。障害者や高齢者、さらに健常者にも使いやすいという視点で開発された製品やサービスを意味するものである。その代表例である、シャンプーとリンスの容器を触っただけで識別できるようにした凸表示は、1991年に花王が初めて採用した。凸表示は、各メーカーも自主的に容器に導入するようになり、後に国内だけでなく国際的な標準規格となった。

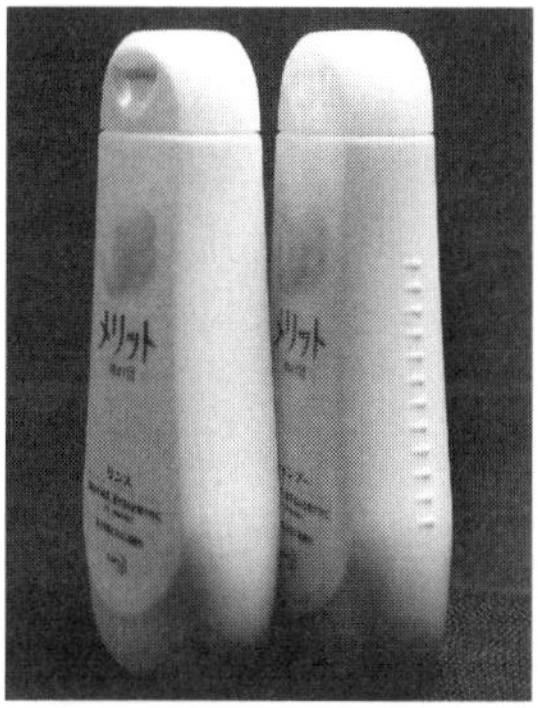

凸表示の入った「共用品」の製品。シャンプー（右）は容器の側面にある刻みでリンスと区別できる

100年を迎えた日本点字

1990年は、日本点字制定100周年で、点字の意義を見つめ直す事業が各地で多彩に繰り広げられた。翌91年には国家公務員試験を点字で受験できる道がようやく開ける。続く92年、点字毎日の制作がコンピューター制御による自動製版システムと高速輪転印刷機で行われるようになる。

点字毎日を印刷するドイツ製の輪転機

点字新聞の挑戦⑦

「点字毎日」ができるまで

点字毎日は実際にどのように作られているのだろうか。ここではその製作工程を紹介したい。

❶原稿作成

目の見える記者も、見えない記者もそれぞれ、原稿はパソコンで作成している。その活字データ（テキストデータ）を自動点訳ソフトで点字データに変換し、点字編集ソフトで規定に分量に収まるように編集。活字と点字、両方の原稿データをそろえる。

点字編集ソフトでの確認作業
（本コラムの写真すべて、点字毎日編集部にて撮影）

❷デスク・編集長によるチェック

両方のデータをまずはデスクが確認。誤字などのチェックをはじめ、文章の意味の取りづらいところは記者とのやりとりで修正する。デスクのチェックを終え、編集長もＯＫを出せば、次の段階に進む。

❸校正作業

点字表記のルールに詳しいスタッフが点字データを確認した後、点字プリンターで打ち出したゲラ刷りを点字使用の触読者がチェックする。最初の読者として、点字で読んで文章が理解しやすいか、点字表記に誤りがないかを指で読んで確かめる。動かすべき箇所があれば、活字データとともに修正。問題点がなければデータは完成する。

❹点字製版

完成した点字データは自動製版用のデータに加工する（「降版」と呼ばれる作業）。Ａ４サイズのアルミの板で版を作る（製版）。製版を終えたア

アルミの板に自動点字製版

ルミの版に点字用紙を挟んでローラー印刷したゲラ刷りで、製版過程で点の抜けなどのエラーがないかを確認した後、加工済みの版を点字輪転印刷機のローラーに巻き付ける。A4サイズの版を左右に2枚並べて巻き付けてA3サイズの紙を印刷する準備を整える。

❺点字印刷・丁合《ちょうあい》・製本

点字毎日は原則60ページで発行している。A3サイズの点字用紙15枚と同じサイズの表紙、合わせて16枚を重ねて作る。前半の8枚、後半の8枚を週2回に分けて印刷・丁合し、ホチキス留めした後に手作業で二つ折すれば完成。最終工程の製本作業には1日かけている。完成した冊子は発送業者によって封筒に袋詰めされた後、郵便で全国に届けている。

点字輪転機で高速印刷

❻活字版や音声版も

校了した活字データは、活字版を編集する担当者によって、毎日新聞と同じ編集制作システムを使ってタブロイド判の紙面にレイアウトされ、大ゲラに印刷される。文字の誤りなどのチェックを経て新聞輪転機で印刷。

また、校了した活字データは、点字データのカナゲラとともに外部委託先に送られ、人の声で読み上げる形で録音された後、デイジーと呼ばれるデジタル録音図書の仕様にデータ化してもらう。そのデータを2週間分、CD-ROMに焼き付ける作業を経て音声版が完成する。こちらも郵送で全国の読者や図書館などに送っている。

❼まとめ

点字毎日は、点字版が毎週火曜日付で最初に発行される。次に、木曜日付の活字版を発行。音声版は隔週発行で、CD1枚に2週間分を収録する。

他に、テキスト版（隔週）、点字データ版（月刊）もCD-ROMで発行している。また、点字ディスプレイの利用者を対象に、点字データをメール配信する電子新聞のサービスも行っている。

*製作工程はYouTubeでも公開している。⬇

14
災害対策が生活課題に——平成10年まで

1995（平成7）年1月17日未明、直下型の大地震が兵庫県淡路島・神戸・阪神地域を中心に近畿地方を襲った。マグニチュード7・2、一部地域では観測史上初の「震度7」を記録し、6000人を超える犠牲者を出す戦後最大規模の自然災害となった。点字毎日の紙面では、1990（平成2）年に噴火活動が始まった長崎県・雲仙普賢岳における地域住民の避難生活の厳しさを取り上げていたが、被害の範囲は桁違いだった。

地震で横倒しになった阪神高速神戸線の高架（神戸市東灘区深江で、1995年1月17日午前9時5分）

被災地の視覚障害者は周囲の人々と同じように被害を受けたが、避難生活や生活再建にはより多くの苦労が伴い、「災害弱者」という言葉が生まれた。この時に表面化した課題は16年後、2011（平成23）年の東日本大震災でも改めて認識され、災害対策は平成の時代における障害者の生活課題の中で大きく位置づけられることになった。また、阪神大震災を機に社会全体でボランティア活動が活発となり、視覚障害者の中からも三療施術を生かした被災地への支援活動が展開されたことを記録しておきたい。

GUI対応が新たな課題に

この時期に同じく新たな課題として浮上したものに「GUI」

（グラフィカル・ユーザー・インターフェース）への対応があった。コンピューターの情報画面に画像や図形を多く用いて、位置の指示をマウス操作や画面へのタッチによって行う方式のことで、晴眼者にとっては分かりやすい半面、全盲の視覚障害者には手が出せないという問題が表面化した。

象徴的な出来事として１９９５年、ＪＲ東日本が東京駅にタッチパネル式の新型券売機を試行的に設置したが、視覚障害者から利用できないとの声が上がった。同年11月、東京都内の山手線恵比寿駅に1号機が設置されたが反対の声は強く、同社は導入を見直し、視覚障害者にも使えるよう改良する方針を決めた。結果的にテンキーを併用した機種が標準となった。

同年秋、パソコン用のＯＳ（基本ソフト）である「ウィンドウズ95」が発売されると爆発的に普及し、パソコン画面はマウスで操作するのが標準となった。画面の見えない視覚障害者は、ＯＳが更新されるたびに、対応するウィンドウズ用画面読み上げソフトの開発を待つという時期がしばらく続いた。弱視者には同じように画面拡大ソフトが必要となり、こちらの開発も進んだ。

この時期に開発の動きが出てきたものに、音声案内による歩行支援のシステムがある。ただ、今に至っても決定的なものは出ていないといってもよいだろう。なお、視覚障害者の歩行支援では通産省の工業技術院が１９９７（平成9）年、点字ブロックの突起の形と配列について規格統一を求める声を受けて、標準化に向けた実験を開

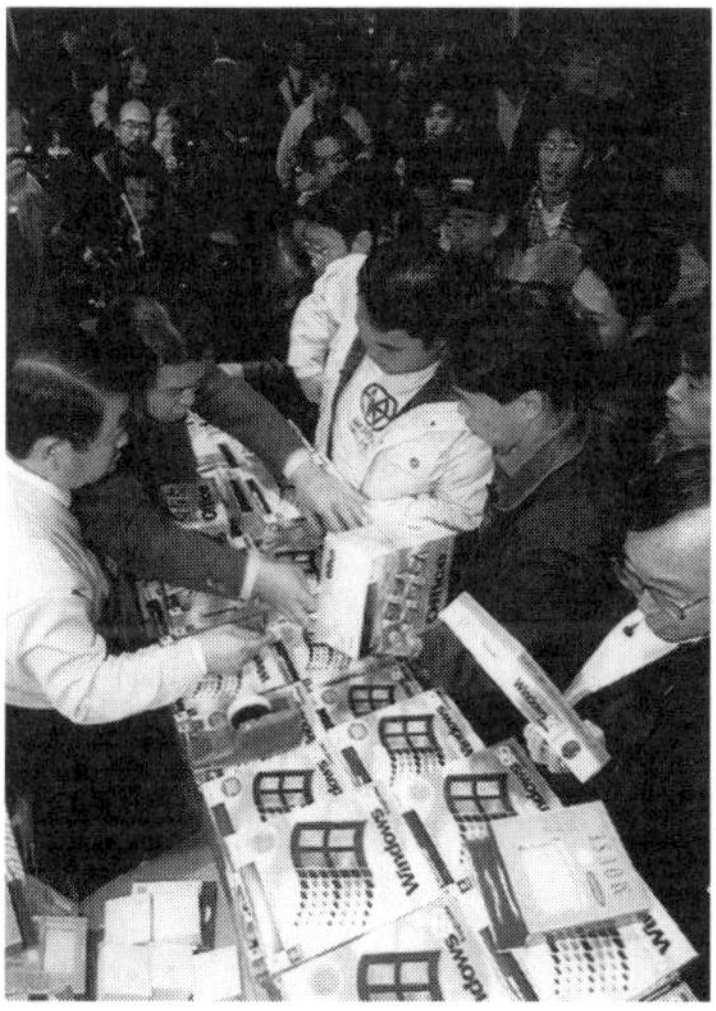
日本語版ウィンドウズ 95 発売。画面での操作でパソコンが使いやすくなったが、視覚障害者は当初、困惑させられた（東京・秋葉原で、1995 年）

始する。2001（平成13）年に実現するJIS化の先駆けだった。

規格統一といえば1997年、カセットテープ利用に代わる録音図書のデジタル化に向けて開発された世界統一規格に「DAISY（Digital Accessible Information SYstem、デイジー）」が採用された。国内では1998（平成10）年からデイジー形式での図書貸し出しが始まった。

障害者プラン策定

障害者福祉では1995年7月、厚生省の障害者保健福祉施策推進本部が具体的な目標を明示した新プランの策定を提言した。1989（平成元）年策定の「高齢者保健福祉推進十カ年戦略（ゴールドプラン）」が参考にされた。同年12月、政府の障害者対策推進本部が「障害者対策に関する新長期計画」（1993－2002年度）の重点施策を総合的に実施するための「ノーマライゼーション7か年戦略（障害者プラン）」を正式に決定。ノーマライゼーション社会の実現を基本理念に置き、2002（平成14）年度までの数値目標を障害者施策で初めて示した。関係省庁の施策を横断的に盛り込んだことも特色とされた。

盲ろう者向けの公的な施策が始まったのもこの時期だった。1996（平成8）年、東京都と大阪市が通訳・介助員の派遣に充てる予算を計上したのを皮切りに、国も翌97年度予算で盲ろう者向け通訳・介助員の養成を新規事業として始めた。

障害者雇用では、バブル崩壊後の景気低迷で新規採用が停滞するなか、「雇用安定」と「職場定着」にも光が当たるようになる。在職中の中途失明者の継続雇用の課題も顕在化するようになり、1995年6月に設立した専門の団体「中途視覚障害者の復職を考える会（タートル）」が、当事者相談に力を入れる体制を整えた。

あはき業界ではこの時期、クイックマッサージなどの業態が市場に増えてきたのを受け、無資格者の取り締まりを求めて関係方面への働きかけを強めた。また、無資格者を法的な規制の対象とするべく「手技療法師」として包含する案も検討されたが実現には至らなかった。さらに、柔道整復師の保険請求による施術で患者を奪われる影響が目立つようになったのもこの時期で、業界擁護の守りの姿勢が続いた。

一方で、高齢者を対象に介護保険制度の導入が1997年に決まった。2000（平成12）年から制度化されるのを前に、あはき業界団体は介護サービス項目にマッサージ・はりなどの施術を加えるよう要望を始める。

長く待たれた末に

1907（明治40）年に法律「癩予防ニ関スル件」を定めて以来、約90年間にわたってハンセン病患者の隔離政策が続けられた「らい予防法」が1996年に廃止された。

また、1998（平成10）年2月、「点字毎日活字版」が創刊する。1922（大正11）年の「点字大阪毎日」創刊以来、紙媒体としては点字だけで発行されていたが、より多くの人に読まれる形となった。

THE BRAILLE MAINICHI
点字毎日
創刊号
—活字版—
毎日新聞社
障害者計画
市町村の策定促進求める
厚生省の全国関係部局長会議
「活字版」発刊に当たって
毎日新聞社社長　小池唯夫
購読お申し込みは

点字毎日活字版の創刊号（1面）

自立と社会参加⑦

情報入手メディアの変遷

1922（大正11）年創刊の「点字大阪毎日」は、視覚障害者が自ら読める手段として、当時はまだ普及していなかった点字に着目して発行されたものだ。それから100年、視覚障害者の情報環境はいかに変遷してきたのだろうか。

◆点字、ラジオ、情報メディアの広まり

フランス生まれの点字が日本語に翻案されたのは、1890（明治23）年。その11年後、官報で「日本訓盲点字」として公示された。点字毎日創刊までに、点字を読み書きで実用的に使うことができたのは、この間に盲学校で学んだ一部の盲人に過ぎなかった。

初代編集長の中村京太郎には、点字新聞を、点字を読めるようになる動機付けにしたいという考えがあった。実際、一般盲人のための巡回点字講習会に力を入れていた。800部から始まった発行部数が順調に伸びたのは、その成果があったのだろう。読める人が増えるに従い、点字タイプライターの普及もあいまって、点字は自分で読み書きできる手段として確立していく。

1924（大正13）年、社団法人東京放送局が設立され、我が国初のラジオ放送事業の準備が始まる。翌25（大正14）年3月22日に「試験放送」としてラジオ放送が始まる。ラジオはやがて、娯楽の中心として多くの国民に親しまれるようになるが、ラジオとはどういうものかを盲人に知らせるのに点毎が協力していた。27（昭和2）年5月6日、大阪中央放送局が大阪・中之島の中央公会堂で「JOBK盲人ラジオ慰安大会」を開いた。点字大

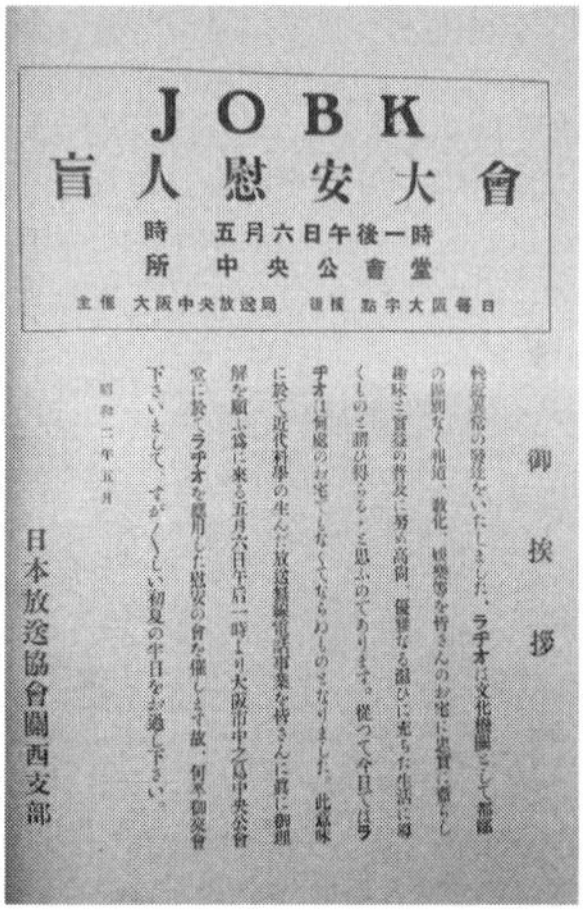

「JOBK 盲人ラジオ慰安大会」のパンフレット（1927 年）

阪毎日が後援し、中村編集長が会場であいさつしている。

その点字パンフレットによると、ラジオ文化や受信機について紹介する集まりで、８００人を超える来場者を集めた会場では、模擬放送としてラジオ琵琶劇が流されるなどした。こうして盲人を引きつけたラジオ放送に対し、聴取料免除や聞き取りやすい受信機の優先配給、盲人のための番組を求める要望の声も高まっていく。

◆点字図書館が情報拠点に

視覚障害者の読書を支える「点訳」。その奉仕活動を広く呼びかけて発展したのが１９４０（昭和15）年、本間一夫（１９１５－２００３）が創立した日本点字図書館だった。戦時中は疎開を余儀なくされるが、１９４８（昭和23）年に東京で再建を果たす。１９５５（昭和30）年からは国の委託で点字図書の製作・貸し出しを始める。１９５８（昭和33）年には「声のライブラリー」を開設。テープ録音による朗読奉仕にもボランティアが活躍するようになる。こうした点字図書館の事業は全国に広がり、地域の視覚障害者の情報拠点となっていく。

日本点字図書館で、点訳奉仕に励むボランティア（東京都新宿区、1982年）

１９７０（昭和45）年、東京都立日比谷図書館が視覚障害者のための閲覧室を設けた。対面朗読の奉仕者には同図書館が謝礼を払う仕組みが取られ、これは公共図書館における障害者サービスの原点とされている。翌１９７１（昭和46）年には著作権法の改正があり、公表された著作物の点字による複製は無条件に、録音は政令で決められた施設に限って認められることになった。録音の制限が緩和されるのは２００９（平成21）年と時間を要したが、これらの制度は２０１９（令和元）年の読書バリアフリー法の成立・施行とつながっていく。

◆デジタル化の時代へ

1980年代に国産のパソコンが広がると、音声合成装置が発売される前から視覚障害者向けワープロソフトの開発が盛んに行われた。そして、MS－DOSが国内の標準的なOS（基本ソフト）となると、漢字仮名交じり文を音声で読み上げる「スクリーンリーダー（画面読み上げソフト）」が相次いで開発され、墨字へのアクセスに挑む視覚障害者が増えていく。これが後に電子メールやチャットでの文字ベースでのやりとりや、インターネット検索による情報入手へとつながっていった。1995（平成7）年の「ウィンドウズ95」の爆発的な普及により、パソコン画面はマウス操作が標準に。OSの更新ごとに、対応する画面読み上げソフトの開発を待つ状況が続いたが、今から考えると、晴眼者と同じシステムを使って視覚障害者も働ける土壌ができたことを意味する革新的な動きであった。

点字や録音の図書がデジタル化したのもこの時期である。特に点字図書は1冊ずつ手作りする時代が長く続いたが、点字データによりプリンターによる打ち出しや自動製版が可能になるという技術革新があった。録音図書では1997（平成9）年に、カセットテープに代わるデジタル録音の世界統一規格としてDAISY（ディジー）が採用され、国内では1998（平成10）年からデイジー形式での図書貸し出しが始まった。

やがてこれらデジタルデータは、2010（平成22）年に運用が始まる電子図書館「サピエ」に集約される。インターネットを通じて視覚障害者や情報提供の施設・団体、ボランティアをつなぐこのシステムは、国の補助金もつき、現在の視覚障害者向け情報提供の基盤になっている。

◆携帯電話とインターネット

平成の時代に入ると、携帯電話が急速に普及した。公衆電話がどこにあるかが分からない視覚障害者にとっては特に、いつでもどこでも家族や知人と連絡が取れる手段が手元にあるという画期的な意味があった。2001（平成13）年秋、基本操作に音声読み上げで対応する「らくらくホンⅡ」が発売される。03（平成15）年発売の「らくらくホンⅢ」では基本的なメールの送受信を音声で確認できるようになるなど、このシリーズが多くの視覚障害者の支持を集めた。

その後、スマートフォンを使う視覚障害者も増えた今、情報入手だけでなく、銀行口座のやりとりやオンラインショッピング、ビデオ会議システムの利用など、日常生活を便利にするためにも、インターネットが幅広く活用されるようになったというのが現在の到達点と言えるだろう。

情報手段が多様化したのみならず、情報過多とも言われるようになった今日、視覚障害分野では最古参のメディアの一つである点字毎日は、この先どのような役割を果たせるのか。これまでどおり、視覚障害文化の記録を積み重ねながら、次なる存在意義を模索していくことになる。

15

いつも手元に携帯電話——平成10年代(1)

1999（平成11）年1月1日、携帯電話とPHS（簡易型携帯電話）の電話番号が、それまでの10桁から11桁に変更された。前年までの5年間に携帯電話が急速に普及し、利用できる番号が不足してきたことが背景にあった。携帯電話料金が手頃となり、使える機種も増えたのが、その後押しとなった。公衆電話がどこにあってどれだけの人が並んでいるのかが分からない視覚障害者にとっては、いつでも家族や知人と連絡が取れる手段が手元にあるという画期的な意味があった。

同年、NTTドコモによる携帯電話対応のインターネット接続サービス「iモード」が登場する。ポケットベルによって作り出されていた文字メッセージを介したコミュニケーション文化をさらに後押ししたほか、携帯電話端末を通してさまざまなサービスが利用できるようになった。視覚障害者はしばらく音声だけの利用で満足せざるを得ない状況だったが、2001（平成13）年秋、音声読み上げで基本操作を行うことのできる「らくらくホンⅡ」が発売される。2003（平成15）年発売の「らくらくホンⅢ」ではiモード閲覧や基本的なメールの送受信を音声で確認できるようにな

携帯電話の利用者が増えつつあった頃の公衆電話。街中から年々その姿は減っていく

り、さらに2006（平成18）年の「FOMAらくらくホンⅢ」では、メール作成時のかな漢字変換の詳細読みやカメラ機能を音声で利用できるようになった。06年の点字毎日投稿欄には、こうした環境を捉えて「視覚障害者の夢が一つかなえられた」との記述も見ることができる。

2010年代に入って世の中ではスマートフォンへの移行が本格化していくが、視覚障害者には依然、従来の携帯電話利用者が多い。この状況を考えたとき、スマホに対応する困難さとともに、ケータイがいかに便利に使われてきたかが分かる。

アクセシビリティーに注目

インターネットで提供されている情報やサービスを、障害者を含め誰もが利用しやすくするための「ウェブアクセシビリティー」についての意識が、国内外で高まり始めたのがこの時期であった。視覚障害者が情報から取り残される「デジタルデバイド（情報格差）」という言葉も点字毎日の紙面にたびたび登場するようになる。2000（平成12）年に日本で開かれた九州・沖縄サミットは「IT（情報技術）革命」が主要テーマとなり、社会的弱者のアクセス確保に向けたバリアフリー技術の開発奨励も、サミットで採択された「IT憲章」に盛り込まれた。

2000年4月、通産省が1995（平成7）年制定の告示「障害者等情報処理機器アクセシビリティ指針」の改定案をまとめた。2001年6月には、パソコンメーカーなどで作る電子情報技術産業協会が、障害者が使いやすい機器開発やネットワーク技術の標準化に向けたガイドラインづくりに着手。03年には日本規格協会の委員会が、インターネットの情報に障害者がアクセスしやすくするために、ウェブページの制作者が配慮しなければならない項目をJIS素案として公表。視覚障害者が音声でインターネットを利用する際の配慮事項も盛り込んだ。翌年6月にJIS化されている。

必要な機器を購入するための助成制度も始まった。2001年度の厚生労働省予算で、視覚障害者を対象とした「障害者情報バリアフリー化支援事業」がスタート。パソコンを利用する際に必要な周辺機器や追加ソフトなどの購入費用の助成が始まった。一方、米国では同年6月、リハビリテーション法508条が施行されている。これにより連邦政府が提供する情報にはアクセシビリティー（利用のしやすさ）を保障するとしたほか、連邦政府が購入する情報機器とソフトウェアは障害者に対するアクセシビリティーが保障されたものに限定されることになった。

情報アクセスへの対応は、ICT（情報通信技術）の進展につれて、この後の時代もますます必要とされていく。

「ホームドア」が現実に

2000年9月から東京都営地下鉄三田線で「ホームゲート」が本格運用された。既存駅として初めて可動式ホーム柵が設置されたもので、視覚障害者にとって「落ちない駅」が実現した。折しも、同年5月に成立した「高齢者、身体障害者等の公共交通機関を利用した移動円滑化促進法（交通バリアフリー法）」に基づく「移動円滑化基準（バリアフリー基準）」が公表される時期と重なった。基準には初めて、鉄道駅での視覚障害者の転落防止策が規定され、これに従うことが鉄道事業者には求められた。

2002（平成14）年7月、「高齢者、身体障害者等が円滑に利用できる特定建築物の建築の促進に関する法律の一部を改正する法律」（改正ハートビル法）が成立した。1994（平成6）年成立のハートビル法を改正し、2000平方メートル以上のデパートやホテル、劇場などでバリアフリー化が義務づけられ罰則規定も設けられた。「交通バリアフリー法」と「ハートビル法」は2006年、「バリアフリー法」として一本化される。

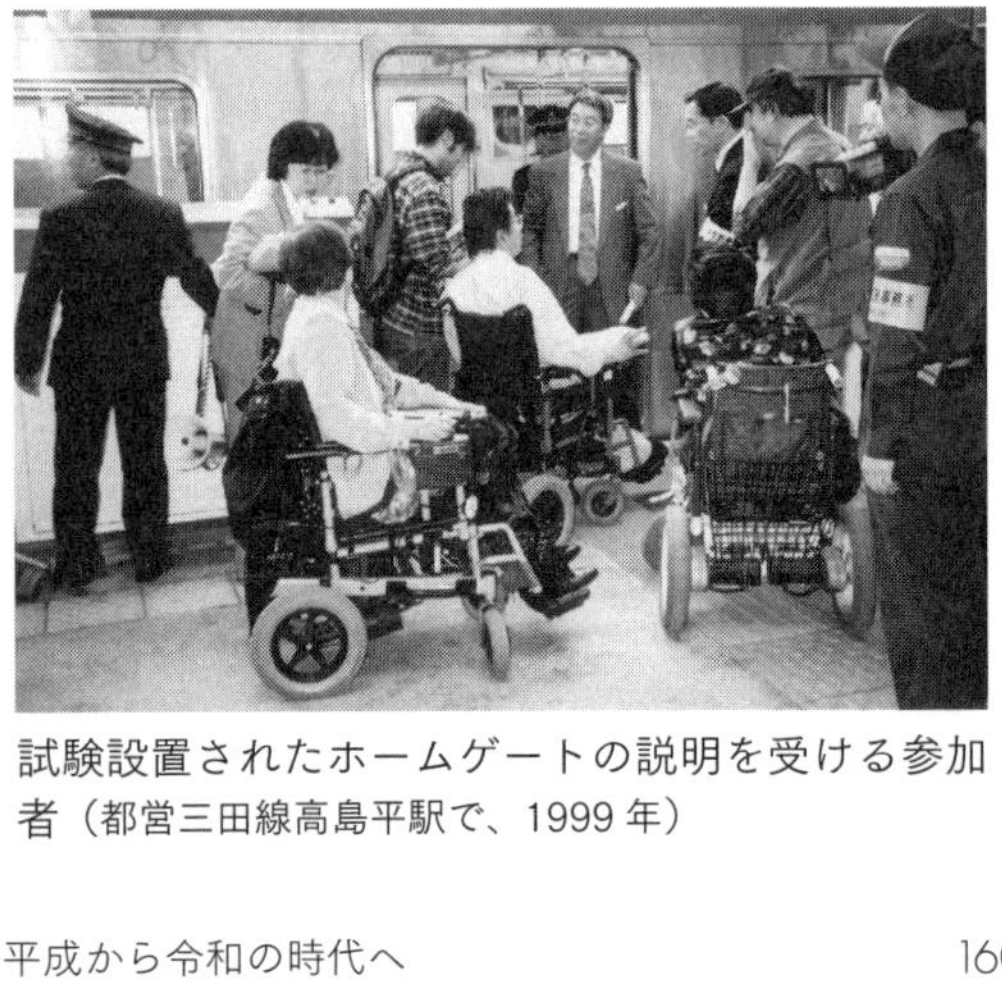

試験設置されたホームゲートの説明を受ける参加者（都営三田線高島平駅で、1999年）

同じ年、「身体障害者補助犬法」

も成立。公共交通機関や公共施設で盲導犬などの補助犬の利用を保障し、自立や社会参加を促す内容で、同年10月に一次分が施行、翌年10月に全面施行された。以後、民間施設でも補助犬の受け入れが義務づけられた。

特筆すべき訴訟

福岡市に柔道整復師の養成学校の設立を計画した東京の会社顧問の原告が、厚生大臣の不指定処分の取り消しを求めた訴訟の判決が１９９８（平成10）年に福岡地裁であり、同地裁が国に処分の取り消しを命じた。厚生省は控訴を断念し、原告の新設申請は認められることになった。この養成施設は鍼灸科の併設も申請、厚生省は99年、翌年４月の設置を認定する。結果として、同様に晴眼者を対象に鍼灸師を養成する学校が２０００年代に各地で急増した。

一方、国立ハンセン病療養所に入所する元患者らが起こしていた国家賠償訴訟の判決が２００１年５月、熊本地裁であり、原告側の全面勝訴となった。政府は同23日、控訴を断念し、救済策に取り組むことを明言した。翌月、元患者に補償金を支給するハンセン病保障法が施行された。

欠格条項の見直し

２００１年６月、政府は省庁を１府12省庁に再編。それを前にした１９９８年、障害を理由に免除や資格の取得を法令で制限する「欠格条項」の見直しが各省庁で始まった。厚生省は２００１年、視覚障害者などに医師、看護師などの国家資格や免許を認めていない欠格条項を絶対的欠格から相対的欠格に改め、２００２年から門戸を開くことを決定した。見直し後初の医師国家試験で全盲の視覚障害者が合格を果たしている。

100年記念インタビュー①

忘れない、励ましの記事

――福島 智さん

点字毎日では創刊100年を記念して、本紙が100年間にわたり発行されてきた意義やその役割、今後への期待などについて、読者を代表して各界の方に語ってもらった。以下のコラムでは、その中から5名の方のインタビューを紹介する（年齢・肩書は取材当時）。

＊

まずは、東京大学先端科学技術研究センター教授で、盲ろう者の福島智《さとし》さん（59）。2022（令和4）年の創刊記念日5月11日付毎日新聞の特集面にご寄稿をいただいた文章を再録した上で、インタビュー内容を届ける。

〈寄稿〉社会とのつながり、不変

「がんばれ、盲ろうの福島君」。19歳の私の指が、点字毎日の一つの記事の見出しをなぞった。その瞬間、まるで一般の新聞の「大見出しの活字」のように、私の心の中で、この見出しの点字が大きくなったように感じられた。そして、聞こえないはずの私の耳の奥で、この見出しのフレーズが、大勢の人たちのエールになって響いた。

1982年8月22日。今から40年前、私についての記事が点字毎日に初めて掲載された時のことである。私は当時予備校生で、日本で盲ろう者として前例のない大学進学を目指していた。

その後現在にいたるまで、私はかなりの数と種類のメディアで取り上げられてきたが、自分のことがメディアで報道されたのは、この時が最初である。そしておそらく、もっとも私が勇気をもらった報道も、この記事だった。

82年はちょうど点字毎日創刊60年に当たり、それを記念して、「点字体験文コンクール」が行われた。

そこで、拙稿が最優秀作品に選ばれ、その年の10月、私は再び点字毎日と毎日新聞本紙で紹介されたのだった。

その折の体験文を私は、指点字を念頭におきつつ、次のように締めくくっている。「自分の心の痛みに指をふるわせながら打つ点字、また相手の心の温かさがじかに伝わってくるような点字、こうした点字にはいのちがあるように思う。こんな会話が私と同じ障害に苦しむ人たちとできたら、どんなにすばらしいだろう。(中略)私は生きた点字——いのちを持った会話の大切さを、盲ろう者とともに広く社会に問いかけつづけていきたいと思う」

創刊60年のこの年から、40年が経過した。すなわち今年は、点字毎日創刊100年にあたる。

点字毎日の中村京太郎初代編集長は、視覚障害当事者の視点から、本紙発刊の目的を記している。その眼目は、読者が社会で生きる市民の一人として不可欠の知識と勇気を得るとともに、視覚障害に関する社会への啓発を推進することである。発刊から100年の時が流れ、視覚障害者をめぐる環境も、社会情勢全般も大きく変化した。しかし、どのような時代であっても、どのような条件で生きるにしても、自己研鑽《けんさん》を積むことと、自己と社会とのつながりを豊かに持つことが、本紙と読者がともに目指すべき目標だということは変わらないだろう。

100年後の2122年に思いをいたす。日本と世界、そして視覚障害者を含むすべての人々は、どんな環境におかれているだろうか。がんばれ、人間。がんばれ、「点字毎日」。

——寄稿の文章で励ましをいただいた思いを改めて聞かせてください。

点字毎日との出会いは小学生の頃で、三療の問題とか難しいことが書いてあるなぁと思っていたんですよね。しばらくは遠ざかっていましたが、よく読むようになったのは盲ろう者になった1981(昭和56)年。4月から(筑波大学)附属盲学校の寄宿舎に高校3年生として戻るのですが、食堂の隅に応接セットがあって、点字毎日のバックナンバーも置いてあったから好きなとき

福島智さん（東大先端科学技術研究センターで）

に行って読める。聞こえなくなって、ラジオとか音だけでテレビを聞くこともできなくなって、ニュースや雑誌などに飢えていましたので、自然と点字毎日を読むようになりました。

1981年は国際障害者年の年なんです。そして、今でも思い出すのは、竹下（義樹）さんが司法試験に合格なさった年でもあるんですね。石川准《じゅん》さん（現・静岡県立大学名誉教授）は東大の学部を卒業するタイミングで、卒業論文の要約が掲載されたことがあるんです。お二人が紹介され、国際障害者年でいろんな障害者に関わる記事がありましたので、こうやって皆さん活躍なさっているけど、自分はいったい何ができるんかなということを考えていましたね。高等部は何とか卒業できそうだけど、そもそも大学に行けるのかどうか、受け入れてくれる大学があるのかも分からなかった時期だったので励ましになりましたよね。

その次の年、82年は結局どこの大学も受け入れてくれなかった。現役の時は耳も聞こえなくなって落ち着いて勉強もできない状況で、本格的な受験をしていても落ちていたと思いますが、とにかく受けるところがないから1年浪人した。予備校に行った目的は、大学に入った後、授業を受けたりすることの練習をしていたんです。だけど結局、予備校に行っても効率よく勉強できないし、これだったら模擬試験だけ受けて、後は自分で参考書を見てやった方がいいかと思っていた頃に、点字毎日で「がんばれ」という励ましの記事が紹介されたんです。すごくうれしかったですし、そしてやっぱり記事が点字で読めるというのはずいぶん違います。まだ何者でもなかった単なる浪人生だったときに点字毎日が書いてくださって、そして点字でそれを見たというのはとても励ましになりましたね。

その後、点字毎日60年記念のコンクールに応募したら最優秀に選ばれた。盲ろう者になって、そして浪人して大学受験を目前にしてモヤモヤしていたとき、すごく不安に満ちたときでしたけど、「点字と私」というテーマが課題として出されたので、これはまさに僕は応募しないといけないと思ったんですよ。一つは、文字として点字しか残されていないということ、そして指点字という点字を利用した会話法がたまたま考案されてそれで会話もやっている。読むのも点字、会話を聞くのも点字っていう、点字ずくめの生活だったから、これは応募しようと思って、光栄にも最優秀に選んでいただいて、大阪のどこかの会場で表彰されたことを思い出します。

そういう節目の時に点字毎日と出会い、励ましていただく記事があり、作文コンクールで選んでいただいたことも二重の励ましになった。その後、大学に入学して、たびたび依頼があって寄稿したり、読者の欄に自分で投稿したりしたこともありました。点字毎日との関わりをめぐる思いというのは、この文章に書いたとおりですよね。

――100年を迎えましたが、読者は減っているのが現実です。今後も続けていくための後押しもお願いします。

点字の読める盲人の絶対数が少なくなっていることや、読める人でも音で聞いた方が楽ということも確かにあるかもしれないし、読むにしてもテキストデータとかでパソコンで聞いた方がよいという人もいるかもしれないですが、盲人にとっての文字は点字しかありません。耳から聞いているというのは要するに、文字のなかった明治時代の初期や江戸時代までの盲人と同じ状況です。機械が読むか人が読むかというのはありますけども、耳で聞いているだけで事足りるんであれば、そもそも点字は要らなかったわけですよね。自分で書く、そして読む。じっくり読み返したいときは読み返し、ゆっくり読みたいときは速度を落として読むということは点字でないと難しいと思っています。文字と、耳で聞くのとでは根本的に違うのではないかと思いますね。

点字で読んでいて、なにかすごく夢中になったり、じっくり読みたいときは、私なんか自然と顔を近づけて読んでいることがあります。顔を近づけると、点字がより鮮明になるような錯覚があるんですよね、かつて見えていたから。つまり文字なんですよ。目で見ているような感じがするわけですよね。というわけで、ニーズは決してなくならないと思います。

そして私のような音で聞くことができない人間は、点字がないと死活問題です。盲ろう者の場合だと、元々盲人や晴眼者だった人が盲ろう者となって点字に頼っていくというのは比較的自然にいくのですが、元々ろう者だった人の場合は、点字は読むのがかなり難しい面があります。漢字がないとか、そういう発音をするというのが分からないとか。だけど、そういう元が聴覚障害者だった盲ろう者も例外なく文字は点字しかないから、みんな必死で練習をするし、頑張っていくんですよね。点字しかないというのは、盲ろう者の場合は、今も昔もこれからも変わらないと思っています。

点字毎日も読者が減ってきたとしても必要性は高い。コンテンツとしても、視覚障害者に特化した新聞という意味はもちろん大きいと思います。毎日新聞という民間の会社がやっていること自体が大変なこと。公的な援助を受けて、半官半民でやってもらってもいいぐらいの大事なことだと思います。

点字の本が少なかったときに、厚生省委託図書という国が助成して優れた本を点字にして各点字図書館に配布する事業が始まりましたよね。あるいは、サピエの公的助成が一定程度なされているようなことがあってもいいと思いますね。一企業の事業を超えた公益性というものがあると思います。そうした社会的な公正に、他の企業が応援するという文脈でスポンサーを募るのもよいと思います。あとは自治体の援助ですよね。ここ目黒区は点字毎日を無料で購読できるんです。私は4年間、金沢にいたことがあるんですが、それ以外は学生時代からずっと目黒区に住んでいるので、その恩恵に浴しています。こうした自治体の助成をもっと増やす方法はないのかなと思いますね。

（聞き手・濱井良文）

16

措置から「利用契約」へ——平成10年代(2)

2000(平成12)年4月の介護保険制度の施行を前に、1990年代後半に議論が始まり、1999(平成11)年に大枠が示された「社会福祉基礎構造改革」。個人の自立を基本に選択を尊重した制度の確立、質の高い福祉サービスの拡充、地域福祉の充実を目指すべき方向として示したこの制度改革を、障害分野で具体化したのが2003(平成15)年4月スタートの「支援費制度」だった。

行政がサービスの利用先や内容などを決めていた従来の「措置制度」からの転換で、利用する障害者の自己決定に基づきサービスが利用できる形に改められた。いわゆる「利用契約制度」の導入で、利用者はサービス事業者との間で契約を結び、費用は実施主体の自治体から事業者に支払われる仕組みとなった。

新制度が始まってみると、サービスの利用実績が国の当初予算の見積もりを約50億円も上回って財源不足に陥り、2004(平成16)年以降は毎年のように制度見直しが続くことになる。その過程では、介護保険制度との統合案も浮上した。その流れを整理してみたい。

支援費制度の問題点が顕在化した際、介護保険制度の2005(平成17)年度改正に向けての議論が始まるところだった。そこで、財源確保が課題となっていた支援費制度との「統合」が選択肢の一つとして議題となった。結果として05年改正では対象者に若年障害者を加えることはなかったが、09(平成21)年度までの継続的な課題とされた。

政策転換を迫られた障害分野では独自に見直しの議論が続き、2004年10月「改革のグランドデザイン」が示される。これが05

東京・日比谷公園で開かれた、障害者自立支援法に反対の声を届ける大集会（2007年）

年成立の「障害者自立支援法」のベースとなる。それまで障害種別で異なっていたサービス体系を見直す「3障害一元化」、障害の程度とサービスの必要度を判断するための全国共通の基準「障害程度区分」、「応能負担から応益負担への変更」が取り入れられた。そして障害福祉サービスの新しい事業体系の考え方が示される。国が費用の2分の1を義務的に負担（義務的経費）する「自立支援給付」と、市町村が実施主体となる裁量的経費の「地域生活支援事業」に区別された。視覚障害者の移動支援サービスは地域生活支援事業に位置づけられた。

障害者自立支援法は2006（平成18）年4月の一部施行で、原則1割の定率負担が先行導入され、10月に全面施行される。しかし、利用者や事業者からは不満の声が続出した。定率の負担が重く、サービスの利用を抑制せざるを得ない障害者からの怒りが目立ったほか、障害程度区分の認定方法にも疑問の声が上がった。地域生活支援事業では、事業内容に地域間格差が表面化した。

2007（平成19）年1月、国は利用者負担軽減のための「特別対策」を発表し、4月から軽減措置を実施した。秋には3年間限定としてきた「特別対策」を09年度以降も継続し、軽減措置の対象世帯の拡大を決める。

2008（平成20）年4月、自立支援法施行3年後の見直しに向けた議論がスタート。7月には抜本改正を前に利用者負担の見直しが決まる。所得区分を「世帯」から「本人と配偶者のみ」での判断に変更することとなり、非課税世帯の障害者が居宅や通所のサービスを利用した際の負担上限月額が軽減された。それでも同年10月、障害者自立支援法でサービス利用料の1割を利用者に原則負担させているのは「生存権の保障」を定めた憲法に違反するとして、1都2府5県の障害者とその家族計30人が、国やそれぞれの自治体を相手取り、負担処分の取り消しなどを求めて全国8地裁に一斉提訴した。この訴訟の結果が次の制度改正へとつながることになる。

国連で障害者権利条約採択

国内で障害福祉制度の混乱が続いたこの頃、国連では「障害者権利条約」の策定に向けて特別委員会での議論が続けられていた。2006年8月、障害者権利条約特別委員会が同条約草案に基本合意。同年12月の第61回国連総会で採択された。08年5月、批准国が20カ国を超えた日（4月3日）から30日が経過して条約が発効した。なお、日本政府が批准したのは14（平成26）年の1月で、関係法律の整備を終えてからの手続きとなった。

国際的な動きに呼応するように国内でも権利意識が高まった。2004年に障害者基本法の改正があり、障害を理由とする差別や権利侵害をしてはならない旨が基本的理念に追加される。06年2月、千葉県は全国で初めてとなる障害者差別禁止条例案を議会に提出。2月議会では継続審議となったが、9月議会で成立。翌年7月1日に施行された。「不利益な取り扱い」と「合理的な配慮に基づく措置の欠如」を差別と定義し、それを禁じた。

障害者権利条約をテーマにしたセミナーの会場（2008年）

この時期、訴訟で争われ注目されたのが学生無年金障害者の問題だった。任意加入だった学生時代に障害を負って無年金となった障害者が年金支給を求めて訴えたもので、上告審まで争われる過程で一部原告の訴えが認められた。また、地裁段階では、長年にわたり無年金障害者の救済措置を講じなかったのは立法の不作為として、国に損害賠償を命じる判決が示された。これを受けて２００４年12月、学生無年金障害者を救済する法案が成立。国庫負担を財源とする「特別障害給付金」の支給が翌年４月から始まった。

特別支援教育始まる

障害児教育では大きな改革があった。２００５年秋、中央教育審議会特別支援教育特別委員会は、障害種別ごとの学校を定めた制度を見直し、複数の障害に応じた教育を行う「特別支援学校」を都道府県が設置できることを盛り込んだ答申をまとめた。障害の重度・重複化への対応が主なねらいだった。翌年６月、従来の「特殊教育」の名称を「特別支援教育」に改め、法律から盲・ろう・養護学校の名称をなくし「特別支援学校」とすることなどを盛り込んだ学校教育法一部改正案が成立。２００７年４月から施行された。これに合わせて全国の５盲学校が学校名を変更。翌年以降も学校名の変更は続き、他の障害種別を併置する学校も出てくる。

100年記念インタビュー②

エンタメや旅の現状に変化を
——青木陽子さん

NPO法人アジア障害者教育協会理事長で、長年にわたり中国で視覚障害者の支援に携わってきた全盲の青木陽子さん（60）。中国・天津から連載記事を届けていただいたこともある青木さんに、点毎にまつわるエピソードや、今後への期待をうかがった。

——点字毎日との出会いは？

本格的に点字毎日を読むようになったのは1990年代に中国に行ってから。天津から連載原稿を点字で送っていましたが、連載が終わったと思ったらまだ続いていて、間に合わないから電話で伝えてっていう大変なこともありました。SARS（重症急性呼吸器症候群）が起きた当時も中国国内の様子を伝えたんですよ。

——中国で日本語を教えてきました。

新型コロナウイルスの感染拡大で2020（令和2）年に緊急帰国してからはオンラインで教えています。教材に使っているのは点毎別冊「News《ニュース》がわかる」（毎日新聞出版発行の小中学生向けニュース雑誌）です。時事問題も詳しく、授業の前は必ず読みます。「代替肉」「変わるお金の形」など、中国人もこうした話題に興味を持つようです。一時話題になった「Go To トラベル」もパソコンの読み上げ機能では、どのように書くのかわからない。トラベルはカタカナとか、表記を知る上でも役に立ちますし、内容も話題性がある生きた教材です。

——中国人の点毎への反応は？

中国には視覚障害者が読むような新聞はありません。天津盲学校を訪問したときに点毎を持って行きましたが、白くてすべすべした紙であることに驚かれました。中国の点字用紙は黒くて、ガバガバしているので、「きれいだ」って。そして障害の情報などもわかり、「こういう新聞があるんだ」と、新鮮だったようです。でも、中国では「実際に自分たちで点字新聞を作ろう」とはならな

点毎別冊「Newsがわかる」を読む青木陽子さん

いんですよね。ボランティアが点訳するシステムがなく、点訳も大変だし、財政的な支援もないので国が動かないと難しいのでしょう。

中国にも点字図書館はありますが、登録は有料なので、日本よりも読み上げの音声ソフトが進化しました。点字の本などがなくて読めなくても、ＩＣＴ機器を使いこなすことで、特に困らないというか、視覚障害者の暮らしは日本とは違う発展をとげています。

――点字と音声の違いは何でしょう？

毎日、新聞各紙の国際関係の記事を読み比べているので、音声読み上げ機能を使います。でも私は過去に点毎にも寄稿したように、耳から入る情報は脳を流れるだけで、記憶の網には引っかからない。点字は読むのに時間はかかりますが、じっくり考えることができる。点字への愛着は前と変わらず、手元にあれば読みたくなります。

――点毎で気に入っている記事は？

昔に比べ、国際ニュースやいろいろな人のインタビューなども載るようになりましたが、特に楽しみにしているのは映画情報。これを見て予約を入れます。外国映画は目の動きで心情を表すなど、無言のシーンが多いので、音声ガイドがないとわからないこともあり、バリアフリー上映の情報があると助かりますね。

――他にどんな記事を読みたいですか？

観劇情報が欲しいです。私はミュージカルや舞台を見るのが大好きなんです。車椅子などの身体障害者は観劇料が割引になるのに、聴覚障害者やガイドヘルパーを連れて行く視覚障害者には割引がありません。障害者であることを予約段階で伝えたら、前方のいい席を取れたり、事前に舞台説明をしてくれたりする劇団もあります。コロナ前は舞台に上げてくれて、小道具を触らせてくれたり、音声も聞かせてくれる劇場もありました。

でも劇場に視覚障害の人はほとんどいません。ガイドヘルパーだけでも無料にしてくれたらいいのですが、割引もないのでチケットを2人分買うことになります。映画やコンサートに比べてミュージカルなどのチケットは高額で、2人分負担するとなると、行きたいんだけど行けない、という人も多いのではないでしょうか。

私は予約の時に希望した席が取れるよう交渉するなど、自分から外に働きかけますから、点毎からも働きかけてほしいですね。俳優や劇場は視覚障害者が舞台を見たがっているということを知らないいんじゃないかと思います。

――点毎に望むことを聞かせてください。

旅行情報も少ないですね。国内外問わずこんなツアーがある、こういう面白いものがある、というのをエッセーでもいいけど、情報として知らせてほしい。中国には日本のガイドヘルパーのようなものがなく、家族頼みなので「危ないから」と視覚障害者に外出の機会がほとんどありません。全盲夫婦の教え子は、危ないからと子どもの幼稚園のバス遠足への参加を断られたそうです。

こうしたことが続くと、見えない本人も自分でそのように思ってしまう。「酸っぱいブドウの論理」です。でも学校で外出を企画すると、みんなおしゃれしてくるし、帰りにはとても楽しかったって言うんですね。

点毎と、盲学校の学生の弁論大会の上位入賞者を中国に招く、交流イベントを続けてきました。参加した方は「本当に良かった」と喜んでくれました。日本の視覚障害者もおいしいものを食べるために外出するとか、ミュージカルやお芝居の舞台を見るとか、そういうことを楽しみたい気持ちがあると思います。バリアフリーが進むなかでの問題点を手厚く報じて、視覚障害者を取り巻くエンタメや旅行業界の現状を変えてほしい。マスコミが中心にならないと変わりません。

それと、弁論大会はEテレでも放映されますが、もっと多くの人に聞いてほしいですね。入賞者の日中交流イベントは終わりましたが、弁論大会の参加者だけでの交流など、横のつながりも生み出せたらいいですね。弁論大会をもっと発展させられたら、と思っています。

(聞き手・谷本仁美)

17 自立支援法訴訟、終結へ ——平成20年代(1)

2009（平成21）年9月に自公政権に代わり、民主党政権が発足した。民主党はそれまで、障害者福祉制度をめぐる混乱をもたらした政府・与党を厳しく批判し、応益負担の廃止を主張してきており、間もなく障害者自立支援法廃止の方針を打ち出した。さらに、障害者施策を総合的・集中的に推進するための「障がい者制度改革推進本部」の設置を決める。

自立支援法廃止の方針を受け、障害者自立支援法違憲訴訟でも国側は全面的に争ってきた姿勢を一転。応能負担の方針で制度を見直す方向になったとして、和解を模索する可能性を示唆した。同訴訟には同年4月、新たに全国で28人の障害者が提訴し、視覚障害者の原告は計8人となっていた。結果として2010（平成22）年1月7日、原告団と弁護団、長妻昭《ながつまあきら》厚生労働大臣の三者が「基本合意」に調印。支援法の実施で障害者に悪影響をもたらしたことについて政府が「心からの反省」を表明した。これにより、全国14地裁で71人が「障害が重いほど負担も重い（応益負担の）法律は憲法違反」と国を訴えた裁判は終結へと向かった。

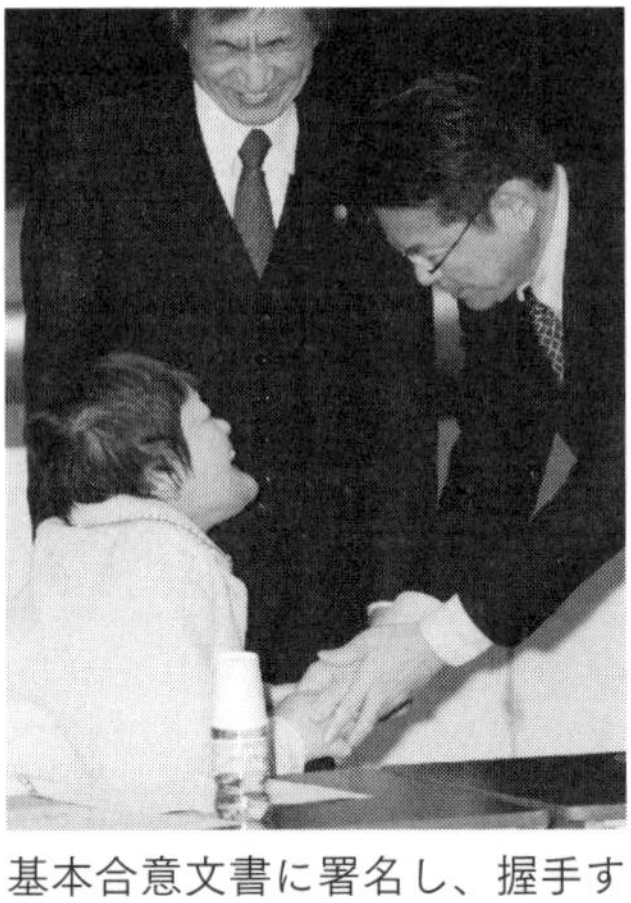
基本合意文書に署名し、握手する原告団女性（左）と長妻厚労大臣（右）（2010年）

制度改革のスケジュール示す

2010年1月、「障がい者制度改革推進会議」の初会合が開かれた。政府の推進本部の下で改革の基本的な方向を議論する実行役と位置づけられた組織で、構成員25人のうち14人を当事者や家族が担うことになった。翌月、自立支援法廃止後の「障がい者総合福祉法（仮称）」の制定に向けて議論を行い、専門部会「総合福祉部会」の設置を決める。また、差別禁止法制や障害者基本法改正についても必要性を確認し、11（平成23）年に障害者基本法改正案、12（平成24）年に総合福祉法案、13（平成25）年に障害者差別禁止法案を提出という改革スケジュールを示した。これら国内法整備をはじめとする関連制度の集中的な改革を経て、障害者権利条約を批准するという方向性を、当事者参加の形で確認することになった。

第１回障がい者制度改革推進会議の会場風景。障害当事者も検討メンバーに多数加わった（2010年）

　実は、政権交代前の政府・与党も障害者権利条約への批准の準備を進めていた。一方、障害者団体は早期批准を支持する立場を基本としながらも、「形式的な批准では困る」との姿勢で一致して反対していた経緯がある。また当時の政府・与党も利用者負担を応能負担に変更し、視覚障害者の移動支援を自立支援給付に見直す自立支援法の改正案を２００９年３月に国会に提出していたが、審議に入らないまま衆議院解散を受けて廃案となっていた。

　民主党政権は２０１０年４月、新制度ができるまでの負担軽減策として、低所得者（市町村民税非課税）の障害福祉サービス利用料負担を無料とする措置を始める。さらに、自立支援法を暫定的に改正する法案を同年5月に提出。一旦は廃案となったが、同年12月の臨時国会で成立した。その過程では、抜本改正に向けて議論している「総合福祉部会」との調整がないままに法案が国会に提出される手順に、部会委員から遺憾の意が示されたのをはじめ、当事者の意見を踏まえずに改正を進めたことに一部の障害者が反発。成立阻止の抗議行動も展開された。

一方で、視覚障害者にとっては法改正には期待する面があった。移動支援のための新しい制度、自立支援給付の「同行援護」の創設が盛り込まれたためだ。

翌2011年10月、改正法が一部施行され、同行援護のサービスが始まる。利用を希望する視覚障害者はガイドヘルパーを派遣する事業所と契約した上でサービスを受ける仕組みで、移動時や外出先で必要な視覚的情報の支援（代読・代筆）が基本的なサービスとされた。

ただ、サービスの安定までには時間を要している。利用者からは問題点として、支給決定されるサービス利用時間、利用が認められる範囲、通院や病院内での他のサービスとの調整、介護保険との適用関係などが指摘された。そのほか、事業者にとっても運営を安定させるだけの報酬単価、利用者確保、ヘルパー養成などさまざまな面で問題点を抱えており、制度改善を求める声は今なお続いている。

東日本大震災で浮上した課題

2011年3月11日、東日本大震災が発生した。午後2時46分頃、東北地方の太平洋近海でマグニチュード9・0という大地震が発生。太平洋沿岸の広い地域に津波が襲来し、岩手、宮城、福島の3県を中心に想定を超える甚大な被害をもたらした。東京電力福島第一原発では、原子炉建屋で水素爆発が起こるなど、周辺に放射性物質を飛散させる深刻な被害が生じた。首都圏では交通網がまひし、懸念されてきた「帰宅難民」が現実のものになった。障害者団体や関係団体は、地震の発生直後から、会員や福祉サービス利用者の安否確認を手始めに支援活動に着手した。

障害者も震災の被害は等しく受け、苦労はより多いという現実は16年前の阪神大震災と同じだった。体育館や公民館などでの一時避難所における移動や情報の入手、トイレの利用などの困難さといった課題も改めて突きつけられた。さらに、被害の規模が広範囲に及んだことから、被災した視覚障害者への支援態勢の在り方が問われた。

当時の日盲連や日盲社協など6

組織が連携し、視覚障害被災者支援のための対策本部を日本盲人福祉委員会（日盲委）の下に設置。被災地に常駐するコーディネーターを軸に、各避難所に専門家が派遣され、安否確認を進めながら、被災者個々のニーズを把握して地元の関係組織につなぐ支援を重ねた。ただ、思うように視覚障害者の安否確認が進まず、身体障害者手帳の所持者名簿を活用できる仕組みを国や自治体に要望する。6月からは自治体が管理する個人情報を活用し、視覚障害者のいる世帯に支援内容を紹介するとともに相談を呼びかける手紙を郵送した。

障害者団体や福祉施設とつながっていなかった視覚障害者の中には、「音声時計とはどんなものですか」といった問いかけがあるなど、平時から制度として受けられる支援内容も十分に知られていない実態が関係者に突きつけられることになった。

100年記念インタビュー③

読者と作る姿勢、これからも
――野々村好三さん

全国視覚障害児童・生徒用教科書点訳連絡会の理事長などを務める全盲の野々村好三《こうぞう》さん(48)。野々村さんは、ご自身の点字や点毎との出会いと絡めて、点字の今後について語る。

――点字との出会いは?

高等部まで京都府立盲学校に通っていました。小学部入学時に「め」「れ」といった分かりやすい点字を指でたどることから始め、ザラザラな触感やいろんな形の違いに触れるのが楽しかったです。3カ月ほどで一通り読めるようになりました。

小学5年からは、神戸ニューブレールの子ども向け点字雑誌「ニューフレンド」を愛読していました。芸能雑誌からの転載記事やなぞなぞ、そして当時では珍しく漫画も載っていました。

――点毎との出会いは?

後輩が読んでいるのを知り、小学5年の1985(昭和60)年から購読しています。父と兄が活字の新聞を読む姿から、「新聞=大人」のイメージがありました。

中高生のとき、点毎から特に影響を受けた四つをお話しします。点毎を読んで大きくなったと言ってもよいと思います。

最初は中学生のとき。大学生や新婚の方が自身の日常をありのままに語る連載が始まりました。将来ビジョンを描けるようになりうれしかったですし、その頃から記事の雰囲気もやわらいだように思います。

二つ目は中学2年の校内意見発表会、弁論大会のようなもので点字離れについて取り上げたことです。紙面で当時話題になっていた議論(おそらく日本の点字100年について)に感化され、言葉の言い回しや表現方法、文章の書き方を紙面から学びました。

三つ目は高校2年のとき。全国の点訳グループ一覧が掲載されました。大学受験のために参考書の点訳の依頼先を探す際、パソコン点訳や教材点訳の経験の有無などを参考にしました。インターネットがない当時、調べるのは大変だったと思います。最近では、全国のロービジョンケアを行う眼科一覧が載っていましたが、こういうのは点毎ならではですよね。

四つ目も高2のときです。盲学校に通う高校生が書いた『〝自分らしさ〟を愛せますか』の読書感想文が載っていて、感銘を受け、この本を読みました。その後の自身の羅針盤になった1冊です。

――関心のある記事は？

今は、個人を紹介する「一歩踏み出す」と「趣味いろいろ」です。全国の視覚障害者が、どのようなことを体験されてきたのか。いろんなことにチャレンジしている様子を知れて、私もエネルギーをもらっています。

インタビューに答える野々村好三さん

――点毎の課題点は？

点毎には「視覚障害者の全体像を示す」という役割もあるかと思いますが、ロービジョンや中途視覚障害者を取り上げた記事がまだまだ少ないと感じます。重複障害者や性的マイノリティーの方のことも、単発ではない形で紹介していただきたいです。

また、就労支援事業所で視覚障害者が周囲になじめていないケースもあると思います。そんな中、どんな取り組みがなされているのか。いろいろな事例を知りたいです。

――連絡会の活動内容を踏まえて、点字教科書の現状を教えてください。

2004（平成16）年度後期から、地域の学校で学ぶ視覚障害者用点字教科書も国費で保障されるようになりました。製作・供給体制の確立や情報の共有などを目的に2005（平成17）年1月、連絡会が発足しました。私は、2019（令和元）年度から理事長です。主な活動は、点訳技能向上のセミナー開催、会員向けのニュース発行、教育委員会からの点訳依頼の調整、文科省との懇談など。この他に、「教科書点訳の手引」も発行しています。今、点字表記の改訂を反映させた第2版の編集中です。

地域の学校での点字教科書利用者は30人以上いると推定されます。通級指導を受ける子どもの全体像が分かると、より詳しい数も分かるはず。最近の教科書はビジュアル化が進み、点訳した際のページ数が増え、イラストの説明や掲載順をどうすれば分かりやすくなるかが問われます。全国の点訳関係者のますますのお力添えをお願いする次第です。

――今後の点毎、点字に求めることは？

点字毎日は、読者と共に歩んでこられたと感じます。創刊号で投稿が呼びかけられ、第3号から読者の投稿が掲載されました。読者が「自分たちも一緒に作っている」と意識することが、点毎を守ることにもつながると思います。私の子どもの頃と違い、今は数独や映画案内などがあります。「子どもも興味を持てる点毎」であってほしいです。

ところで、デジタル教科書の普及により「音声があれば十分」として、点字教科書が軽視されないか不安です。しかし、図表の把握など学習面において点字は非常に重要です。２０２５（令和7）年の「点字考案２００年」の節目に合わせ、点字教科書の意義を訴えていくことや、韓国のように日本でも点字は公式の文字だという法整備も必要でしょう。

点字離れと言われるなか、Lサイズ点字の普及で点字を読める中途視覚障害者は増えたと感じます。全国の点字図書の利用者数は減っていますが、歌詞カードや自分用のメモなど生活場面で点字の広がりを耳にします。点字ディスプレイを日常生活用具とする自治体が増えれば、点字の利用場面も広まります。一方、子どもはタイプライターなどの機械だけでなく、点筆を使えることも大切です。メモを自由に取れますし、将来の仕事の幅も広がるでしょう。大学入試当日、持参のタイプライターが壊れ、点筆で乗り切ったのも懐かしい思い出です。

点字を読み書きすることで、情報を受けるだけでなく発信もしやすくなります。晴眼者との懸《か》け橋になりうる存在の点字。点字文化を広げていくことは、視覚障害者と晴眼者の接触場面を増やすことにもつながると信じています。

（聞き手・澤田健）

18 新法成立、民主は下野――平成20年代(2)

民主党政権の下で2012(平成24)年2月、障害者自立支援法に代わる新法の原案が公表された。それは事実上、自立支援法の一部改正にとどまる内容であり、障害当事者を中心に反発の声が高まった。抜本改正に向けて議論を続けた総合福祉部会の「骨格提言」のみならず、自立支援法違憲訴訟団との「基本合意」も十分に反映されていない内容だと受け止められた。

新法とされた「障害者総合支援法」は同年6月に成立。一部を除き2013(平成25)年4月1日から施行された。そして、この間の12年12月に衆議院議員の総選挙があり、自民党が圧勝して政権を奪還。自公連立による第二次安倍晋三内閣が成立した。

教育分野にも変革

障害福祉制度の混乱が続いたこの時期、他分野でも大きな見直しの動きがみられた。

2007(平成19)年度に従来の特殊教育から特別支援教育に移行した教育分野では、障害のある児童生徒の就学先決定の仕組みが議論の焦点になった。背景には、06(平成18)年に国連で採択された障害者権利条約の存在があった。教育についての条文には、障害者が障害に基づいて一般的な教育制度から排除されないことや、必要な支援を一般的な教育制度の下で受けることなどが盛り込まれている。これに対応するため、文部科学省は10(平成22)年に「特別委員会」を設置して検討を続けた。

委員会は2012年7月、「本人・保護者の意見を最大限尊重し合意形成を行うことを原則として、最終的には市町村教育委員会による決定が適当」とする内容を盛り込んだ報告をまとめ、中央教育審議会も了承した。これを受けて文科省は学校教育法施行令を一部改正し、13年9月に施行された。これにより、一定程度の障害のある子どもは特別支援学校に就学するという原則が廃止された。保護者から意見聴取する機会も拡大されることになった。02（平成14）年度から運用されていた、例外的に「認定就学者」として地域の小中学校への在籍を認める規定もなくなった。

この見直しを受け、各盲学校は地域でのセンター的機能を強化し、地元の学校で学ぶ視覚障害のある児童・生徒への支援を進めていく。盲学校在籍者が減る一方で、特別支援教育全体でみると、特別支援学校の在籍者はその後も増え続ける。

あはき業界にも動き

活動が停滞気味だった、あはき業界をめぐっては、周辺での変化を受けて動きが出てきたといえる。一つは、柔道整復師（柔整師）の療養費請求における不正が次々に明らかとなり、社会問題化したことだ。柔整師は打撲、捻挫など外傷の場合だけ保険請求できるが、虚偽の理由を記載して本来は保険請求できない疲労回復や仕事による筋肉疲労、肩こり、腰痛への施術に保険請求している疑いが指摘されてきた。あはき師の一部からも「患者を奪われている」と長く問題視されていた。

また、受領委任制度が認められる柔整師には、架空請求や水増し請求の問題も指摘された。厚生労働省も適正化の必要性を認め、2011（平成23）年の社会保障審議会医療保険部会で、中・長期的な在り方の検討が始まることになる。

もう一つ、業界外の動きで大きかったものは、2012年に国民生活センターが公表した「手技による医業類似行為の危害」という報告書だ。手技による医業類似行為を受けて危害が発生したという相談が2007年度以降の約5年間で825件寄せられており、件数は増加傾向にあるという内容だった。

法的な資格制度がないカイロプラクティックや整体といった施術を受けて危害が発生したと判別できる相談が4割以上を占め、法的な資格制度に基づくあん摩マッサージ指圧や柔道整復の施術についての相談に比べて多いことも指摘された。そして、一見するだけでは施術者が国家資格を持つかどうかの判別がしにくい現状や、消費者に誤認や過度の期待を与えるような広告やホームページが存在することも問題点とされた。

　こうした指摘を受けて、あはき業界は有資格者であることをアピールするため、2016（平成28）年から「免許保有証」を導入する。国も同年6月、あはき業者が広告できる項目に、都道府県知事に開設を届け出ている施術者である旨を追加した。

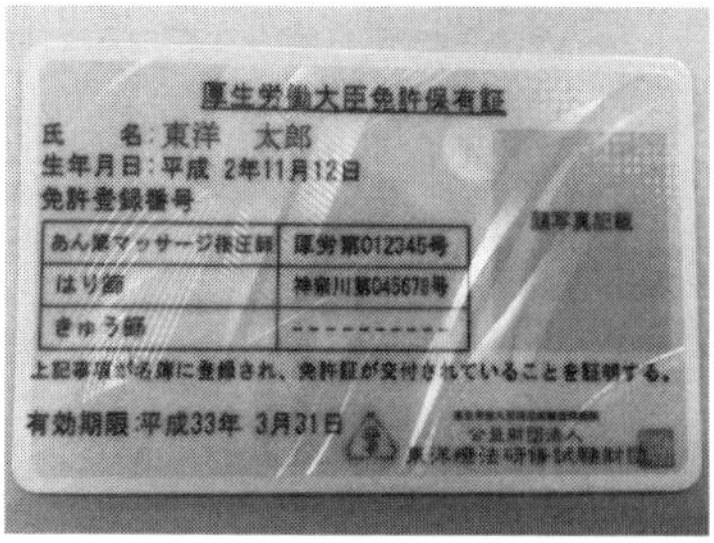

厚生労働大臣免許保有証の見本

ネット上の図書館「サピエ」

　情報の分野では、「サピエ」の運用が2010年4月から始まる。インターネットを通じて視覚障害者と情報提供の施設・団体、ボランティアをつなぐシステムで、09（平成21）年度補正予算による「視聴覚障害者情報提供設備基盤整備事業」により実現した。既存の点字図書と録音図書のデータベースを統合して図書情報を集約し、地域の生活情報も提供できるようにした。

　サービス利用に登録した個人の視覚障害者は無料でデータをダウンロードでき、全国どこからでも好きなタイトルの本を選んで自由に読書ができるようになった。2014（平成26）年には国立国会図書館による「視覚障害者用データ送信サービス」とも連携し、情報資料の充実が図られている。

サピエの運用が始まる直前に開かれた、全国の点字図書館職員向けの研修会（2010年）

提供の枠組みが先行して確立するなか、サービス内容の充実が求められ、19（令和元）年施行の「読書バリアフリー法」などにつながっていく。

視覚リハへの関心高まる

体のさまざまな部位の細胞になる能力を持たせたｉＰＳ細胞を使った移植の臨床研究が２０１４年、目の難病患者に世界で初めて実施された。偶然なのか、必然的であるのか、この時期に合わせてロービジョンケアをはじめ、視覚障害リハビリテーションの在り方を見直す議論が活発となる。眼科医と福祉や教育といった他分野の連携が目立ち始めた時期であった。

100年記念インタビュー④

女性向け、子育ての記事に期待
——塩谷靖子さん

ソプラノ歌手で全盲の塩《しお》谷《や》靖《のぶ》子《こ》さん（78）。本紙連載のエッセー「塩谷靖子のそしらぬフリして」でもおなじみの塩谷さんは、点毎の書き手としての思いや記事への要望を語ってくれた。

——点字毎日との出会いは？

20歳頃でしょうか、あまり記憶はないのですが、「少し盲界について知っておいた方がいいよ」と知り合いに勧められて購読を始めました。若者には縁がないと読み飛ばしているところが多かったのですが、中年を過ぎてから仲間たちの様子を知りたいと、しっかり読むようになりました。子どもの頃から眠る前に本を読んだり、今もデイジーを聞いたりしますが、点毎は眠る前のリラックスしたひとときの「お供」です。春にはベランダで鳥の声を聞きながら読むこともあります。

必ず読むのは情報フォーラムと歌壇です。歌壇には私も過去に投稿したことがありますが、北海道の佐々木陽子さんと新潟の上林《かんばやし》洋子さんには感性の近さを感じます。2人の「ようこさん」の自然を詠んだ歌が特に好きです。例えば、佐々木さんの「めざむれば　とおぼえもがりぶえの　デュオ　のうりに　ひろがる　さくたろうの　やみ」という萩原朔太郎を詠んだ歌は印象に残っています。

——ほかにこれまで印象的だった記事は？

昔より人物を取り上げた記事がよく出るようになりましたね。活躍している人のプロフィルを読むと、どういう過程をたどって現在にたどりついたのかがわかって面白いですね。また、昔は漢字を説明するコーナーがあり、初心者にとっては大変役に立ちました。

——エッセーの書き手としても紙面に参加してくださっています。

一番苦労するのは文字数ですね。削ったり、付けたり、

自宅ベランダで点毎を読む塩谷靖子さん

マス単位なので厳しい。あとはなるべく笑いと涙。事実だけを書くのではなく、喜怒哀楽を入れることが大切です。そして、読み手のことを考え、流れがわかるよう書く順番に気をつけます。導入部は説明風にならないように一番凝って、同じことを書くにもどういう順番で書くか、気を使います。これを書こうかな、というネタはなんとなく頭に浮かび、思いつくと忘れないうちに点字でメモを取り、原稿はパソコンで書き上げます。

一番反響があったのは「柳青める日」というエッセーですね。作曲家、古関裕而《こせきゆうじ》の歌にまつわる父母の思い出を書いたもので、歌好きの知人から「きれいな文章だったね」と言われました。掲載されると、古くからの友人から電話が来ることもあるんです。批判もありますが、すべて受け止めて次に生かしています。大変だけど、楽しいですね。基本的に書くのは大好きです。

日本語との出会いについてエッセーに書いたこともありますが、盲学校の非常勤講師、盲ろう者に対する指点字通訳など、ずっと点字の世界にいましたから、歳をとるまで墨字での文章をちゃんと書いたことがありませんでした。その反動で余計に書くことに飢えていたのかもしれません。経験が足りないので稚拙だったり、反省することもありました。これまでのエッセーは私のホームページにも転載しています。

――塩谷さんにとって点字はどのようなものですか？

小説や週刊誌はほとんど音で聞き流せますが、ドイツ語の歌詞など「これは知りたい」というものや理論的なものを知りたいとき、頭にちゃんと入るのは点字です。それに、生協の注文書メモやスケジュール表、血圧の記録などいろいろなメモを点字で取っています。リモコンなどにも点字テープを貼りますし、冷凍食品にもクリアファイルを切って点字を打ったものを安全ピンで留めて、それが何かわかるようにしています。このように私にとって点字は生活に密着した、身近な存在です。亡くなった夫（元盲学校教員で、全国盲ろう者協会事務局長の塩谷治さん）とも大学時代、点訳サークルで知り合いました。

――これからの点毎にどんな記事があったらいいと思いますか？

老若男女が読むため、平均点は取れていると思います。でも、今は日本点字図書館のメールマガジンなど、いろいろな情報がたくさんある。他と同じような情報ではなく、点毎ならではのもの、点毎でしか読めないようなものを読みたいですね。個人的な希望を言えば文芸的なもの。歌壇はもっと読みたいけれど、読者からエッセーなどを募集して、選んで載せてもいいかもしれません。

それと女性向けの記事が少ないですね。美容やファッションに関する記事は一般的なものを転載しても、見えない当事者目線ではないので、役に立ちません。盲人雑誌にコーディネートの記事もあるけれど、合う色や合う服は体形などによって異なるでしょう？　説明に限界があるんですよね。だから「私はこうしています」というコーディネートや服の買い方の工夫についての記事が読みたいですね。共感できるかもしれないし、そうでなくても反面教師になるかもしれません。

子育てについての記事もありませんね。私の子育て中は友達に聞いたりして工夫しましたが、お風呂の入れ方などの記事があれば私も読みたかった。例えば離乳食について、一般的には「子どもの顔を見て食べさせる」などと言うけれど、向かい合って座るのではどこにスプーンを運べばいいかわからない。だから膝に座らせて、ほっぺなどに触れて確認しながらスプーンを口に運びました。外にいるとき、子どもがそばを離れてもわかるよう、子どもの腰に鈴を付けたりもしました。こうした子育ての工夫についてまとめた記事によって、もしかしたら身内から出産を反対されている人も、自分にも子育てができると自信を持てるかもしれません。

――最後に点毎の存在意義を。

視覚障害者について、オールラウンドにしかもタイムリーに書かれている定期刊行物は、他にありません。また、盲界のことを知りたいという晴眼者にとっては、活字版が大きな役割を果たしています。その意味で、点毎の存在意義は大きいと思います。

（聞き手・谷本仁美）

19

差別禁止と合理的配慮——平成から令和の時代(1)

日本政府は２０１４（平成26）年1月20日、障害者権利条約を批准。同年2月19日に国内で条約の効力が発生した。同年6月に閣議了承された障害者白書では、条約締結に先立ち集中的に法制度の改革を進めた国内の動きを取り上げ、この対応が国内外から評価されたと説明した。

ここで言う国内の動きというのは、２０１１（平成23）年の障害者基本法改正、２０１２（平成24）年の障害者総合支援法の制定、２０１３（平成25）年の障害者差別解消法の制定という一連の流れを振り返ったものである。その制度設計の過程では、障害当事者や家族が半数近く委員として加わった障がい者制度改革推進会議や障害者政策委員会の意見が部分的に反映された。

権利条約の批准後、障害者差別解消法の施行を前に「差別禁止」や「合理的配慮」の在り方を中心に議論は続いた。「何が差別に該当し、どのような場合は差別に当たらないのか」「障害者でない人との均等な機会を確保するために必要な措置とは何か」などをめぐり、当事者団体も意見を求められた。

障害者差別解消法のガイドライン策定をめぐるヒアリング（内閣府で、2015年）

具体的に動き出したのはまず、改正障害者雇用促進法への対応だった。職場で働く障害者に対する合理的配慮の提供が民間企業を含めて義務づけられたためで、2015(平成27)年、労働政策審議会障害者雇用分科会で「差別禁止指針」と「合理的配慮指針」がまとまる。差別解消法についても同年、行政機関による「対応要領」、関係省庁が事業者に示す「対応指針」が策定された。

こうした対応を受け、2016(平成28)年、いよいよ差別解消法と改正障害者雇用促進法が施行される。

差別解消に逆行した事件

しかしその年の7月、神奈川県相模原市の知的障害者施設、津久井やまゆり園で、元職員の男が「障害者がいなくなればいいと思った」との動機で入所者19人を殺害する事件が発生した。

社会に与えた衝撃は大きく、事件の背景についての検証は続いている。死刑判決が確定した元職員の障害者への差別的な見方には、施設内での入所者への処遇が影響したとして問題とされたほか、元職員が事件の約5カ月前に措置入院していたことが逮捕後に判明したのを受けて精神保健上の継続的支援の在り方も問われた。

また、事件後の園の再建をめぐり、親亡き後を心配して障害がある子どもを施設に入れる親や施設の必要性を訴える人と、地域のグループホームなどでの暮らしを支持する人たちとの間で議論が高まった。施設から地域社会へと移行を進めるなかで、「施設か地域か」という二項対立が依然として残っていることを印象づけた。

事件から6年後の2022(令和4)年9月、障害者権利条約に基づく総括所見で国連障害者権利委員会は、知的障害者を中心に入所施設への収容が続く日本の政策に懸念を示し、入所施設に割り当てられている予算を地域での自立生活のための整備や支援に再配分するなど、施設入所を終わらせるための措置を求めた。これは事件で明確になった問題点を踏まえた指摘であり、いかに実現に近づけるかが日本の関係者全体に問われている。

2018(平成30)年夏には、国の中央省庁が雇用する障害者の数を水増ししていた事実が判明する。平均の雇用率は2・49%とされ、当時の法定雇用率(2・3%)

を達成していることになっていたが、再調査の結果、実際は1・19％であることが明らかになった。第三者検証委員会による検証では、前年6月時点で国の33の行政機関のうち28機関で計3700人が不正に計上されていたことが分かった。

次代に引き継ぐ課題

2013年施行の障害者総合支援法には、施行後3年をめどとした見直しが付則に定められており、翌年12月から早くも議論が始まった。

そこで多くの障害者の訴えの声が届いて注目されたのは、障害者の中でも高齢化が顕著となるなか、介護保険制度の利用が優先される、いわゆる「65歳問題」だった。65歳になってサービス利用が障害者福祉から介護保険に移行すると、サービスの利用環境や利用時間数に変化が生じることに加え、原則1割の利用者負担が発生することが問題とされた。

結果として2016年5月、一定の要件を満たす人を対象に実質負担なしの仕組みを盛り込んだ障害者総合支援法の一部改正法が成立。2018年から軽減措置が始まる。ただし財源の出どころはあくまで障害者福祉。両制度の調整については今後も課題として残ることになろう。

平成から「令和」へと改元があった2019（令和元）年12月、神戸市立神戸アイセンター病院が「網膜色素変性症」の患者にiPS細胞（人工多能性幹細胞）から作成した網膜シートを移植する臨床研究計画を発表した。2020（令和2）年10月、その移植が患者の1人に行われた。iPS細胞由来の「目の神経細胞」が移植されるのは世界で初めてだった。網膜色素変性症は、患者や家族の働きかけがあって1996（平成8）年、当時の厚生省により特定疾患治療研究事業の対象に加えられ、いわゆる難病に指定された。今もって治療法は確立していないだけに、この移植の成果は引き続き注目される。

2019年の10月には、社会福祉法人日本盲人会連合の名称が「日本視覚障害者団体連合」と変更されたことも記録しておくべきだろう。

移動問題の行方は

「ホームドア」の名称が定着した可動式ホーム柵。2000年代半ばから着実に設置が進められているが、駅ホームから視覚障害者が転落する事故は後を絶たない。国土交通省の下で、鉄道事業者や有識者、視覚障害当事者を交えた検討が続いている。施設整備や、駅員や乗客によるソフト面での支援に合わせ、視覚障害者自身が歩き方を見つめ直すべきとの声が当事者から出てくるようにもなった。それに伴い、地域でいつでも歩行訓練を受けられる体制づくりに向けた機運が高まりはじめた矢先、新型コロナウイルスの感染拡大という状況に至る。残念ながら、コロナ禍が落ち着いた後も目立った動きは見えていない。

移動については、視覚障害者の道路での交通事故被害も忘れてはならない。2000年代半ば、ハイブリッド車の静音性が視覚障害者の移動に与える影響が注目された。音を頼りに自動車の存在を認識する視覚障害者にとって電気自動車や急増するハイブリッド車の静かな走行音は命に関わる問題だと不安の声が上がった。2009（平成21）年に多くの視覚障害当事者が協力して行われた検証実験の結果も踏まえ、国交省は翌年にこの問題への対応方針をまとめ、走行音をイメージさせる音を発生させる装置のガイドラインを示す。そして2016年、「車両接近通報装置」を備え付けることが道路運送車両の保安基準改正の形で義務づけられた。その後も技術改良で自動車の安全対策は進化しているが、自動運転が実現するかもしれない令和の時代、さらなる対策が必要とされそうだ。

ハイブリッド車の走行音を検証する実験の様子。音が聞こえた段階で手を下げる参加者（東京都調布市で、2009年）

100年記念インタビュー⑤

100年の蓄積を未来に

――山岸蒼太さん

関西学院大非常勤講師などを務めながら、点字毎日編集部で触読校正を担ってきた全盲の山岸蒼太《そうた》さん（29）。若い世代の読者の視点から、100年続く本紙の存在意義と未来に向けての課題を語ってくれた。

――点字との出会いは？

高校まで地元・長野市の公立校に通学し、通級指導で週に1、2回、長野県長野盲学校に通っていました。点字との出会いは小学校入学前の線たどりで、入学時には50音は読めたと思いますが、読み書きの速度は遅かったです。国語の教科書だけは盲学校用を手にしていたので、音読は一緒に授業を受けることができました。点字を習ったからこそ、同じ教室で同じ授業を受けられた。だからこそ、点字嫌いにはなりませんでした。

記憶に残っているのは、盲学校を退職した全盲の先生と夏休みに点字の特訓をしたことです。点毎初代編集長・中村京太郎の家に遊びに行ったことがあると教えてくれました。当時は「中村京太郎って誰やねん」と思いましたが、今となっては歴史の生き字引と出会えたことがうれしかったですね。

――点毎との出会いは？

小学5、6年生から数年間、「Newsがわかる」を購読していました。点毎本紙も盲学校の先生に見せてもらったことがありますが、第一印象は「めっちゃ読みにくく、行間が狭い。同じ所、何度も読んでるんじゃないか」です。

本格的に点毎を読むようになったのは、大学の卒業論文の関係で京都府立盲学校の資料室を訪れたときからです。今では点毎のバックナンバーデータ化作業にも関わるようになり、戦前や戦中の号を読むこともあります。80年以上たっても発行物が読める形で残っているのは、墨字の世界でも貴重だと思います。

—— 点毎の校正を引き受けた理由は？

以前から、点毎の校正に興味がありました。校正のアルバイト経験があり縁のない仕事ではなかったことと、校正者として一つの発行物に長く向き合うことがなかったためです。オファーを受けた決め手は、自分がずっと関心を持っていた「視覚障害者の歴史、働き方、生活史」について、読み手ではなく、それを伝える側に近い立場で関われるチャンスだと思ったからです。

—— 点毎を中から見て、どう思いましたか？

読者の時は軽く読んでいましたが、記事の見出しに使われる飾り記号の種類の多さに戸惑いました。それでも、飾りが好きなんです。ただの6マス空けが続くと愛想がないといいますか……。点訳でなく、オリジナルの点字発行物らしいバリエーションの豊かさが楽しいです。

点毎について語る山岸蒼太さん

分かち書きが一般的な点字図書の表記と違った点に、最初は戸惑いました。「する」が（前の語句と）離れるなど、ここ数年で一般表記に近づいているところもあります。表記は、ある程度統一した方がよいのかもしれません。とはいえ、「我が□国」「法□整備」など、点毎も含め、マス空けするのが一般的な言葉も、中には一続きに書く団体もあります。

2年間、組織の中で働かせてもらい貴重な経験になりました。非常勤講師は善しあしはあれど、一人で完結する仕事が多いので。「点毎って、こういうサイクルでできあがっているのか」ということがわかりました。

—— 関心のある話題は？

古い点毎によく載っていましたが、視覚障害者協会や盲学校、個人の活動内容について詳しく知りたいです。会員・生徒の減少や高齢化など、暗いニュースの他にも明るい話題はあるはずです。

視覚障害者と接点を持つ晴眼者の話題が少ない気がします。個人的には、4、50年、ボランティアとは思えない作業量をこなす点訳ボランティアの裏側が知りたいです。健常者あったうえでの障害者。視覚障害者や視覚障害の分野と接点を持つ健常者について取り上げれば、点毎で取り上げる内容にも関心を持ってもらえるかもしれません。

――点毎の課題点は？

点毎には本紙（点字版）のほか、活字、音声、テキスト、データ版などがありますが、これだけ読者のニーズに応えている新聞はないと思います。しかし、視覚障害児の親や教員、ボランティアらの間で、点毎がどのくらい知られているか疑問です。紙媒体しか知らない視覚障害者も割と多いかも。もったいないので、もっと宣伝してはいかがでしょうか。テキストと画像、音声を入れられる「マルチメディアデイジー版」の発行も手だと思います。

「読者の広場」の投稿が少ないこと、常連からしか投稿が来ないことが気になります。「新聞に投書する」という文化が、若い人にはないかもしれません。「こういう取材をしてほしい」とお願いするご意見箱を置いてはどうでしょう。地方のニュースも集めやすくなるかも。障害者の最近の受験事情などの疑問に答える「なるほドリ点毎版」的なものが欲しいかな。

目次に、対応する活字版の号数を入れてほしいです。「〇日号に載ってるよ」と晴眼の友人に言いたいけれど、活字と号数が違うので見つけにくいです。1部売りの相談に応じることを知らない人もいます。年間購読はハードルが高く、気軽に手に取れることを伝えるべきです。

――今後の点毎に求めることは？

点字離れが進んだり、新聞を買わない若者が増えたりと、新聞が売れない原因はさまざま。1部400円は他の点字出版物からしたら安いと思うので、価格差補償の使い勝手の悪さも一因と思います。ネットで手軽に買い物できるのに、わざわざ書類を書いて役所に行きますか？　書類を書くことは、視覚障害者が一番嫌な作業でヘルパーさんを呼ばないといけない。点毎を通して点字出版界の課題を見つけ、購入者のハードルを下げてほしい。制度改革につながるとうれしいです。

点毎100年の蓄積は貴重な資料で、視覚障害にまつわる話題を調べる上では欠かせません。それを踏まえて、バックナンバーのデータに晴眼者もアクセスできると、読者以外に活用する人が広がったり、点毎の認知拡大、ひいては購読者の増加につながるのではないでしょうか。

（聞き手・澤田健）

〈追記〉山岸さんは、2024（令和6）年に新たに点字毎日編集部に加わり、記者として活躍中である。

20

スマホ普及、目の代わり——平成から令和の時代(2)

「こうして体験してみると、使えなくはないものの、意外とストレスがかかるようで、慣れるまで相当の根気が必要に思えた。そのため、スムーズさではまだ、音声読み上げ機能付き携帯電話には及ばないと感じた」

2012（平成24）年7月、全盲の佐木理人《あやと》記者が点字毎日で、スマートフォンの体験を記事にしたなかでの一節だ。それから10年以上が経過し、佐木記者はもちろんのこと、視覚障害者の中にスマホ利用者は格段に増えた。一方で、従来のボタン式携帯電話（いわゆる「ガラケー」）に根強い利用者がいることも調査結果から分かっている。

若い視覚障害者を中心にスマートフォンが選ばれているのは、多彩なアプリが生活のあらゆる場面で助けになっているからだ。新潟大学工学部の渡辺哲也教授らによる「視覚障害者のICT機器利用状況調査2017」の結果によれば、全盲の人では文字の読み取りや画像認識、弱視の人では拡大機能のアプリの使用頻度が高く、スマホのカメラが目の代わりのように使われているのが分かる。また、ナビゲーションや音声による出入力の性能も年々向上している。携帯電話の基本操作が初めて音声化された2001（平成13）年以来のIC

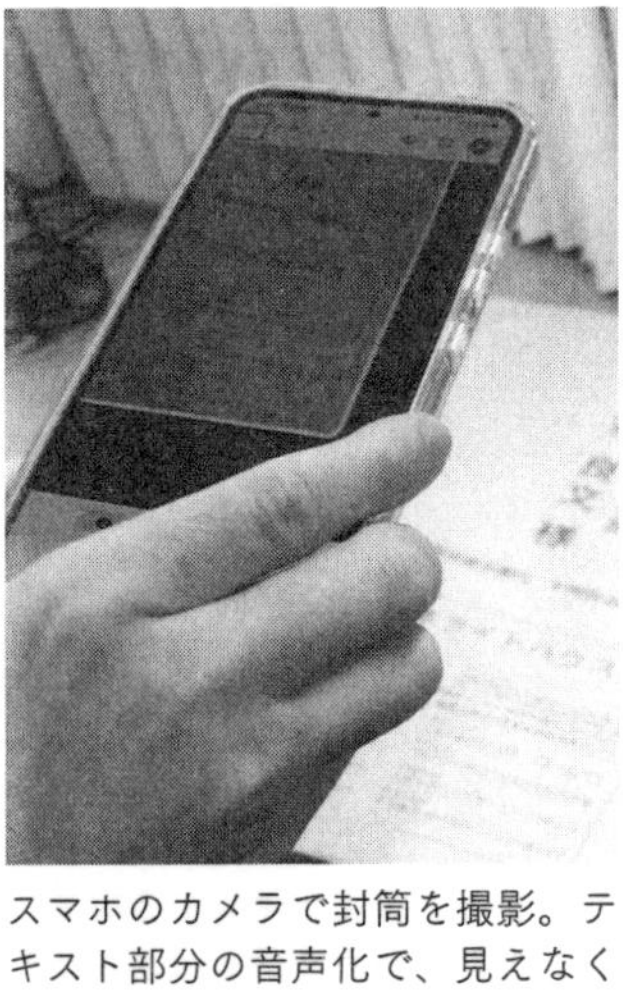

スマホのカメラで封筒を撮影。テキスト部分の音声化で、見えなくても宛名や送り主を把握できる（点字毎日編集部にて撮影）

T（情報通信技術）の進展によって、機器や支援技術の発達がいかに目覚ましかったかが分かる。

一方で、コンテンツの方はどうか。年齢的・身体的な条件にかかわらず、インターネットで提供されている情報にアクセスできるようにする「ウェブアクセシビリティー」への理解はまだまだだと言わざるを得ない。パソコン利用を含め、インターネット上の情報はビジュアル化が進み、視覚障害者のアクセスが難しい情報は依然として多いのが実態だ。ウェブサイトについてのJISもあるが、法的義務はない。現代社会の情報提供に求められる即応性と比較したとき、後回しにされているのが現状だ。こちらは国内でインターネットが身近に使われるようになった頃から変わっておらず、この後も課題として残る。

視覚障害者の利用を前提とした点字や録音の図書情報については、インターネット上の情報総合ネットワーク「サピエ」をベースに着実にデータが蓄積されてきた。2018（平成30）年には著作権法が改正され、これらのデータを肢体不自由者ら印刷物の読書に困難がある人も利用できるようになった。

これは、活字書籍の利用ができない視覚障害者らの出版物へのアクセスを保障するために2013（平成25）年に採択された「マラケシュ条約」に対応するための見直しである。同条約は18年10月に締結され、改正著作権法の施行と同じ2019（平成31）年1月から国内で効力が発生した。なお、この時の法改正に伴う政令改正で、著作物の複製や公衆送信を著作権者の許諾なく行える主体として「法人格を有しないボランティア団体等」も新たに対象として認められた。

あはき法19条訴訟

鍼灸師を養成する専門学校グループや大学を経営する学校法人平成医療学園が、あん摩マッサージ指圧師養成課程の新設を認めなかった国の処分取り消しを求めて2016（平成28）年7月、仙台・東京・大阪の各地裁に訴訟を起こした。視覚障害者の生計を守るため、晴眼者向けのあん摩マッサージ指圧師養成学校の新設を制限するあはき法19条の規定が、憲法で保障する「職業選択の自由」に違反するかどうかが争われた。

1964（昭和39）年の法改正で設けられたあはき法19条の規定について、原告が「半世紀以上が過ぎ、規定の合理性が失われている」などと主張する一方、訴訟の行方を注目する視覚障害者団体などは「あん摩師等法19条連絡会」を組織し、被告の国を応援した。

2019（令和元）年12月に東京地裁、翌2020（令和2）年2月に大阪地裁、同年6月に仙台地裁がそれぞれ判決を下し、いずれも原告の請求を棄却。控訴審では20年12月に東京高裁と仙台高裁、21（令和3）年7月に大阪高裁が判決を示し、いずれも控訴を棄却した。そして22（令和4）年2月7日、最高裁が3件の上告審判決で「あはき法19条は合憲」とする判断を示し、学校法人を敗訴とした1、2審判決が確定した。

最高裁判決までの5年半について、視覚障害者団体の総括が待たれる。数の上ではあん摩マッサージ指圧師全体の4分の1を下回っている視覚障害者が、訴訟も辞さずの姿勢を貫いてまで手技療法の可能性にかけた晴眼者側と今後、いかに共存しながらマッサージ業の継続と発展を図っていけるのか。引き続き、その在り方が問われることになる。

新型コロナとその影響

2020年2月、新型コロナウイルスの感染が国内で広がり、視覚障害当事者や支援団体も活動や各種イベント開催の自粛や中止を余儀なくされた。やがて「3密」（密閉、密集、密接）を避ける生活を迫られる。感染対策として手指の消毒があちこちで求められ、物に手を伸ばすことがはばかられるなか、日常的に支援者と接し、手で触れることが欠かせない視覚障害者や盲ろう者にとって過酷な日々が続いた。

同年3月、「多様性と調和」のメッセージを国内外の人々に伝え、感じてもらうはずだった東京オリンピック・パラリンピックの1年延期（五輪は21年7月、パラリンピックは同年8月に開幕）が決定。そして4月、改正新型インフルエンザ等対策特別措置法に基づく初の「緊急事態宣言」が最終的には全都道府県を対象に発令された。

その後も感染が拡大しては少し

収まるという波が続き、第6波さなかの2022年の冬、一日の感染者が最多を数えるに至った。2023（令和5）年5月、感染法上の位置づけが「いわゆる2類相当」から「5類感染症」に移行すると、世の中ではようやくコロナ禍は収束したものと受け止められるようになっていく。

およそ3年にわたったコロナ禍で、視覚障害者の活動も停滞した。非接触が叫ばれるなか、患者の体に触れるあはき業では来客を大きく減らすことになった。企業内で治療するヘルスキーパーは一時、従業員の在宅勤務が定着したことで存在価値すら問われかねない状況となった。地域生活を送る上でも、同行援護をはじめとしたヘルパーによる支援が受けにくくなり、支障を感じる人は少なくなかった。

一方で、インターネットを通じたオンライン会議のシステムが普及したことで、移動に困難を抱える視覚障害者に研修会や会議に参加する機会が広がるという利点もみられた。こうした変化に対応できるかどうかの体力差が、当事者と支援団体ともに顕著となった。特に、リモートによる相談対応、情報入手や各種申請のためのオンライン対応などで、ＩＣＴを活用できるかどうかがその差を分ける大きな要素となった。

折からの人手不足とも重なり、スーパーマーケットや鉄道駅などの対人窓口が減り、機械での対応を迫られるケースが生活場面で増えたことも新たな課題となっている。見えない・見えにくい人にとって使いやすい機器は限られており、少なくなった対人窓口を探すのも一苦労だ。より良い暮らしのために、視覚障害者には引き続き、新しい環境に適応していくための努力や工夫、サポート体制の整備を求めていく姿勢が求められることになる。

100年記念インタビュー⑥

市井の当事者の声を
――岸 博実さん

京都府立盲学校に長年勤務し、視覚障害教育の歴史に詳しい、岸博実さん（73、晴眼）。連載「歴史の手ざわり」の執筆や様々な取材で本紙との関わりは深い。岸さんに点字毎日の思い出や今後への期待などを聞いた。

――盲学校勤務も長くなりましたね。

1974（昭和49）年4月から京都府立盲学校（京都府盲）で働いています。定年退職までに一時期、教職員組合で働きましたが、それ以外に転勤はありません。今も非常勤講師として、点字の指導や資料室に残る盲教育の資料の整理、研究を担当しています。

――点字毎日で点字を覚えたとか。

点の並び方を見て覚えました。点字毎日はページの両面とも読むように作られています。目で見て読むには、表と裏の点の判別が難しくて苦労しました。

触って読む練習もしました。通勤に電車とバスを使って約1時間かかる。車内で点字毎日を触り続けました。人から不思議そうに見られましたね。それまで点字を読んでいた人が、杖を使わずにスタスタと歩き去るわけですからね。2、3年練習して、何とか1ページを5分で触読できるようになりました。あきらめずに続けることが大切なのですね。中途失明で点字の習得に苦労されている人に、自らの体験として伝えられるものを点字が私に与えてくれました。

――古い点字毎日をお持ちだそうですね。

一つは着任4年目にあたる1978（昭和53）年1月のものです。京都府盲100年についての先輩教師の記事が掲載されています。私に盲教育の歴史への関心を抱かせてくれたのが、この一冊です。もう一冊は1951（昭和26）年のものなのですが、京都の古本屋で見つけました。そこに1枚の点字用紙が挟まっていました。京都府盲の生徒会が発行して配ったと思われるものなのですが、点字図書館設立に向けた募金を呼びかける内容です。戦後の民主教育がスタートしていくぞというなかで、生徒自らがこういう思いを文章にして発信していたという事実。私がまだ幼い頃の出来事ですが、当時の視覚障害者たちの切実な思いがわかる資料として大切にしています。

――ご自身も記事で取り上げられたり、連載を担当されたりしてこられました。

初めて私の名前を点字毎日で取り上げてもらったのは、平安京の広さを歩いて感じようという取り組みでした。社会科や古文の理解を深めるために企画したところ、点字毎日の記者が一日付き添ってくださいました。その後、戦時中の視覚障害者について取材を受け、関連の取材に同行させてもらったりしながら、点字毎日をさらに身近に感じるようになりました。これらの経験が後に「歴史の手ざわり」という連載につながりました。点字毎日なくしてはできない企画だったと思っています。

思い出深い記事の載った点毎を前に語る岸博実さん

――点毎の役割について聞かせてください。

歴史資料として見た場合、その価値はとても大きいと言えます。点字毎日が創刊される以前から、視覚障害者は自分たちの新聞を求めていました。それは日本初の週刊点字新聞「あけぼの」の創刊や点毎創刊につながる記録からもわかりますし、改めて京都府盲が保存する創刊号から順に読み進めるなかで感じていることです。

点字毎日創刊のきっかけを作った好本督に、初代編集長を務めた中村京太郎。二人は視覚障害者の教養をいかに向上させるかを考えました。そのためには点字図書の出版や図書館活動を通じて、視覚障害者の読めるものを増やすことがどれほど必要か、本当によくわかっておられたのだろうと思います。

特に初期の頃の点毎の特徴として、海外の出来事、動向を読者に伝えようとしていたことがわかります。それをかなえるためにも英国留学の経験を持つ中村京太郎の語学力はとても役立ったことでしょう。そして日本ライトハウス創立者の岩橋武夫や京都ライトハウスを創設した鳥居篤治郎も国際共通語であるエスペラントを駆使して、世界の国々の情報を集めて中村を支えたのだろうと思います。

日本と世界の国々の視覚障害者に関する情報を記録として残されました。紙面を通じて、その頃を生きた視覚障害者たちの意見や考えに触れられるのですから、点字毎日はとても貴重な宝物なのではないでしょうか。時に視覚障害者たちの要求実現を後押しし、一方でその意義を客観的な立場から世の中に伝える、視覚障害者の声を取り上げることに特化した新聞であるという意味は、やはり大きいです。

点字の価値を高めることへの貢献も重要ですね。文字を持つということは国民としての権利を主張したり、義務を果たす上で大切なことです。点字毎日が点字教科書を発行したり、盲学校弁論大会を開催したりしてきて視覚障害者文化の向上へとつながっていった。また点字投票を求める運動を後押しし、模擬投票を実施して周知に努めたことなど数多くの功績があります。

――今後への期待を聞かせてください。

盲学校の在籍者が減っているなかで、この先、同窓会を存続していけるのかが心配です。地域の学校を経た人たちも盲学校や視覚障害者団体などとのつながりが希薄と聞いています。盲教育を受けてきた人たちがばらばらになりそうな危惧を感じています。点字毎日に期待したいのは、そうした人たちをつなぐ役割。盲教育の歴史やその価値を伝えていってほしいです。

その一環として点字の普及に改めて取り組んではいかがでしょうか。点字を学ぶ面白さを盲学校や地域の学校で学ぶ子どもたちが一緒に楽しめる内容のコーナーがあると喜ばれると思います。それと目立った功績や活動が注目されるのは自然なことだと思いますが、視覚障害者の中でも、その他大勢の側にいる人の声を拾って届ける姿勢も大切にしてほしい。視覚障害者が何に困っていて、それを支える仕組みや取り組みなど、細かい取材の積み重ねを今後も期待しています。

（聞き手・平井俊行）

終章　点字の今、未来

日本での点字は、1901（明治34）年4月22日付官報で公的に存在が認められた。とはいえ、その当時に点字の読み書きができたのは、盲学校で学んだ一部の盲人に過ぎなかった。大正末期に「点字大阪毎日」という週刊新聞が発行されたことは、点字を使って読み書きできる人を増やすことにも大きな役割を果たした。点字毎日の創刊から100年超。この間の点字普及の流れを振り返りながら、点字の現在、そして今後の展望に触れて結びとしたい。

点字の現在

点字を読み書きする上では、表記に統一的な規則が必要となる。現行の基準は、1966（昭和41）年に発足した日本点字委員会（日点委）が発行する「日本点字表記法」に準拠している。日点委は、点字出版施設の関係者や盲学校（視覚特別支援学校）の教員、学識経験者らで構成されており、点字を使う視覚障害当事者が歴代の会長を務める。「読みやすく、書きやすく、わかりやすい点字表記」を目指して表記法改定の検討が続けられている。表記法が関わるのは、言葉や文章だけではなく、数学・理科の記号や楽譜の書き方、試験問題のレイアウトなど多岐に及ぶ。

国内には現在、目が見えない、見えにくい人たちに学校教育や職業教育を行っている盲学校（視覚特別支援学校）が70校近くある。ここで使われている点字の教科書も日点委の表記法に基づいている。

屋内外のさまざまなところで点字は活用されている。その大きさや高さ、位置などは規格化されている。階段やエレベーター、自動券売機のような公共施設などに設置される点字サインは２００６（平成18）年に、洗濯機や温水便座のような家電製品の操作部に付けられる「電源」や「開始」などの点字表示は２００９（平成21）年に、ＪＩＳ（日本産業規格）として定められた。近年は、駅のホームドアに電車の車両番号や扉位置が点字で記されている場合も多い。これは点字使用者にとって自分の乗車位置を知り、次の移動につなげるための貴重な情報源となっている。

テクノロジーの進展を受けて

点字の使用者が自ら読み書きする手段としては当初、「点字盤」と呼ばれる板状の道具と「点筆」という針のような道具が使われた。間もなく「点字タイプライター」が開発され、点字盤と点字タイプライターが使われる時期が長く続いた。

大きな変化があったのは、デジタル化により点字の世界もテクノロジー進展の恩恵を受けるようになってからだ。今では、点字も通常の文字と同様、パソコン上などで扱える電子データとして処理することが可能になった。点字データの編集には、専用のパソコンソフトを利用する。通常の活字のデータを点字データに自動的に変換するパソコン用ソフトウェアも活用されている。こうした点字データにより、「点字プリンター」でいくらでも印刷することができるようになった。「点字ディスプレイ」という小型の機器で、データ化された点字を表示部に浮き出して瞬時に出力することもできる。点字の表示部がある小型の点字電子手帳の中には、Ｗｉ－Ｆｉでインターネットにつながるものもある。スマートフォンの画面内容を、点字で表示できる機能を備えた機器も開発されている。大学などで学ぶ点字使用者にとって、欠かせないツールと言えるだろう。

点字は、知識を得るための文字としても大きな役割を果たしている。日本全国には、点字の図書を中心に所蔵している「点字図書館」が約80館ある。利用者は、電話や電子メールなどを通じて読みたい本を送ってもらえる。点字で書かれたものは、無料で国内外に郵送できるので、費用をかけることなく本を借りられる。

さらに、点字図書は電子データとして利用されている。インターネット上の図書館「サピエ」には、２０２４（令和６）年７月末時点で約26万７０００タイトルの点字図書のデータが登録されている。視覚障害者をはじめとする約２万１０００人の会員が、これらのデータを自由にダウンロードして読むことができる。

進路への関わり

点字は、視覚障害者の進路にも大きく関わっている。大学の入学試験や公務員・教員の採用試験など、進学や就職、資格取得のための試験にも点字で受けられるものがあるからだ。視覚障害者の多くが従事するあんまやマッサージ、鍼灸の仕事に就くためのあん摩マッサージ指圧師国家試験、はり師国家試験、きゅう師国家試験も点字で受けられる。司法試験のほか、宅地建物取引士や介護支援専門員（ケアマネジャー）、公認心理師といった試験も点字で実施され、合格者もいる。このほか、社会福祉士国家試験、実用英語技能検定試験（英検）、ＴＯＥＩＣなどでも対応している。

盲ろう者のコミュニケーション手段として

点字は、視覚障害者が読み書きに使っているだけではない。視覚に加え聴覚にも障害がある「盲ろう者」のコミュニケーション手段の一つにもなっている。両手の６本の指を点字タイプライターの六つのキーに見立てて叩く「指点字」という方法だ。

考案したのは、「１００年記念インタビュー」にもご登場いただいた、盲ろう者の福島智さんの母親である。高校生の時に失聴した息子とのささいなけんかの中で生まれた「指点字」は、いまや世界の盲ろう者の支えとなっている。

新たな取り組み

点字の課題の一つが、使用者の減少だ。生まれつき視覚に障害のある人が減る一方、人生半ばで失明したり視力が弱くなったりして点字の習得が難しい人が増えている。また、情報入手の手段が多様化するなかで、点字を選ばない人も増えているのが現実だ。

点字の使用者が減少していると言われている一方、未来を担う子どもたちに向けた取り組みも見られる。視覚障害者を支援する社会福祉法人日本ライトハウスの児童向け点字雑誌「アミ・ドゥ・ブライユ」は、２０１５（平成27）年から各地の盲学校などに通う点字使用の小中高校生に、偶数月に無料で届けられている。一般の雑誌に掲載された生活・芸能情報のほか、脳トレクイズなども掲載。読者からの投稿欄もある。雑誌のタイトルが日本語で「点字の友達」を意味するように、誌面を通して点字が大好きな子どもたちの交流の機会にもなっている。旬の話題を取り上げたさまざまな記事を通して、次の世代に点字の大切さや面白さを伝えている。

学校現場での近年の教科書や大学入学試験などでは、図やイラスト、写真のように、視覚的な情報の多用が目立つ。そのため、視覚障害者にも点字だけでなく、浮き出た線で地図やマーク、グラフなどを伝える点図の取り組みが増えている。これらは、作図機という機械で手作りされたり、パソコン用図形点訳ソフトウェア「エーデル」で作られ、点字プリンターで印刷されたりして提供されている。より分かりやすい点図製作のために、留意点や工夫などをまとめた資料の充実も進んでいる。

中途視覚障害者の点字習得でも、さまざまな試みが続けられている。中途視覚障害の人にも読みやすいように通常より大きなサイズの「L点字」の開発もその一つだ。人生半ばで視覚に障害を負った人たちに、生活のちょっとした場面で使える点字の指導に力を入れているリハビリ施設もある。エレベーター内の階数ボタン横の点字表示に触ったり、病院の診察券や調味料などに数文字の点字シールを貼ったりして確かめられるようになるだけでも、生活の質が一変するからだ。

2022(令和4)年、駅や建物、道路などでの物理的なバリアの除去だけでなく、「情報のバリアフリー」を進めようという法律が施行された。この「障害者情報アクセシビリティ・コミュニケーション施策推進法」の目的は、障害の程度に応じて情報を得るのに必要な環境の整備を推進することである。今後、点字で書かれたものや点字の付いた製品がもっと増え、文字である点字の利点が改めて認識されることを願う。

点字の未来

２０２１（令和３）年の東京パラリンピックで行われた聖火リレーのトーチに点字が付いていたことをご存知だろうか。点字で「Courage（勇気）」「Determination（強い意志）」「Inspiration（インスピレーション）」「Equality（公平）」と記されていた。パラリンピックの価値を表す言葉である。２０２４年に開かれたパリ・パラリンピックでも、点字の付いたトーチの灯が、点字の故郷を照らした。

２０２５（令和７）年は、ルイ・ブライユがフランスで点字を考案してからちょうど２００年。日本でもそれを前に、点字に関わる人たちによって記念のイベントが開かれている。点字の現状を見つめ、将来を展望するための講演やシンポジウムを通して、熱心な情報・意見交換が行われている。そこでは、米国で導入が広がりつつあるＡＩ（人工知能）を活用した自動点訳で作られた点字図書データを配信する仕組みの報告もあった。点字の未来のために技術の面でも新たな可能性が期待される。

点字毎日は、こうした点字の歩みにあわせて視覚に障害のあるさまざまな読者に幅広い情報を届けてきた。創刊から１００年余り、この先も発行を重ねつつ、どのような未来があるのか、どんな可能性が広がっているのかを考え、新たな創造のきっかけを生み出せればと願っている。

点字毎日が創刊100年

「共生社会」実現目指して

毎日新聞社が発行する日本唯一の週刊点字新聞「点字毎日」が創刊１００年を迎えた。

「点毎」の愛称で親しまれる。視覚障害者を含む記者が日々取材した記事や関係者の寄稿を掲載し、生活や社会参加、文化に関わる情報を提供してきた。

発刊は１９２２年である。ラジオ放送もない時代だった。

初代編集長の中村京太郎は「発刊の言葉」で、視覚障害者に「知識と勇気と慰安を与える」だけでなく「眠れる社会の良心を呼び覚まさん」との志を掲げた。戦時中も発行を続け、震災や感染症の流行時には困難に直面する視覚障害者の実情を伝えた。

東日本大震災では、避難所で掲示板の文字が読めず、トイレへの移動に苦労する様子などをリポートした。新型コロナウイルス禍では「人と人との距離を取る」ことが求められる中、仕事が減ったマッサージ師の窮状を報じた。

媒体も多様化した。「音声版」や「活字版」で当事者の家族や支援者らも点毎の記事に触れることができるようになった。

新聞以外の事業にも取り組んできた。創刊間もなく、国に先駆けて点字教科書を製作し、盲学校の生徒が教育を受ける権利を支えた。一般の視覚障害者のために点字講習会にも力を入れた。

国政選挙で点字投票が28年に世界で初めて実施された際には、事前に模擬投票を行い、視覚障害者の政治参加を後押しした。

２００４年の参院選からは、候補者の経歴や政見を掲載した選挙公報の全文を点訳した号外を発行している。

「全国盲学校弁論大会」は、盲学校の生徒が社会に発信する貴重な機会となっている。28年から続いており、この秋で90回を数える。さまざまな境遇にある生徒が、自身の障害と向き合う中で得た気付きや将来の夢を語り、共感を呼んでいる。

「点毎の取り組みが視覚障害者の権利回復に向けた運動につながった」。障害者福祉に詳しい全盲の愼《シン》英《ヨン》弘《ホン》・四天王寺大名誉教授は評価する。

誰も取り残さない「共に生きる社会」は人類共通の目標だ。これからもその実現を目指し、点字を通じて情報を発信し続けたい。

毎日新聞 2022 年 5 月 11 日社説

あとがき

週刊の点字新聞「点字毎日」は、ラジオ放送もなかった大正期からＳＮＳ（ネット交流サービス）がもてはやされている令和の現代まで、１００年余りにわたって視覚に障害のある読者に情報を届けてきました。その制作に関わってきた人たちには、各地を取材してきた記者や一部一部を丁寧に作ってきた印刷スタッフ、読者とのやりとりを日々重ねてきた営業スタッフなど、数多くいます。

全国の幅広い年齢層の読者から「点毎」と呼ばれ親しまれてきたのは、これらスタッフの中に、初代編集長の中村京太郎や第2代編集長の大野加久二をはじめ、読者と同じく指で点字を読む当事者がいたからではないでしょうか。視覚障害当事者としての視点を特集やルポ、インタビューなどの企画に生かし、読者と同じ目線での発信を続けてきたからこそ、多くの信頼を得てきたのだと感じています。

視覚障害者を取り巻く情報環境は、点毎創刊時から大きく変わりました。ラジオに続いてテレビが登場し、近年では、スマートフォンを使ってインターネットから多岐にわたる情報を瞬時に得る視覚障害者も徐々に増えています。そんな現状にあって、点字を中心とした新聞を発行することには変わらない意義があります。それは、四つの「つ」で表せると言えるでしょう。

まずは、「伝える」です。点毎は、確かで有用な情報を分かりやすい形で読者に伝えてきました。一般の新聞を点訳するのではなく、視覚障害者に役立つ話題を専任の記者が取材し、点字などで提供しています。読者から寄せられた、とっておきの情報や率直な声が紙面に生かされることも珍しくありません。

次に「つなぐ」です。点毎という場で多くの視覚障害者や家族、支援者、関係者がつながりを持ってきました。点毎を通して、懐かしい仲間と再会したり、生涯の職を得たり、人生の伴侶と出会ったりといった例は少なくありません。そうしたつながりは、新たな組織の誕生といった形で視覚障害の世界に広がり、世代を超えて引き継がれています。

そして、「積み重ねる」です。点毎は、視覚障害者の生活や思い、取り巻く社会の状況をつぶさに記録し、後世に残す取り組みを積み重ねてきました。多種多様なメディアが存在するなかで、視覚障害を中心とした報道を1世紀以上続けてきたものは、国内に例がなく、世界的にも非常にまれな取り組みと言えます。

最後は「作り変える」です。点毎が報じ、伝えてきた課題や提言は、社会を作り変える力を秘めていると言えるのではないでしょうか。読者の声や記事の内容が、新たな進路を切りひらいたり、画期的な機器の開発につながったりといった変化をもたらすことがあるのです。

点毎が発行を続けているのはこうした意義とともに、視覚に障害のある人たちや、そうでない人たちそれぞれに届けたい思いがあるからです。

私たちは日ごろ、読者である視覚に障害のある人たちに「そうだよね。分かる分かる」と、共感を持っていただければと思いながら制作を続けています。目が見えない、見えにくい人たちは障害のため困難に接し、時にはしんどく、時には悔しく、時には悲しい思いをすることがあるでしょう。そんなとき、点毎の紙面を開くことで、同じような状況にある人たちの声や取り組み、支援者による先駆的な試みを知り、「自分は独りじゃないんだ」と感じていただければと思います。さらに、元気になり、社会はもっと良くなるという希望を持っていただけたなら、この上ない喜びです。

一方、視覚に障害のない方には、点毎の紙面を通して「そうなんだ。知らなかった」といった気づきや驚きを感じていただければと思います。そうして「見えない、見えにくい世界」を身近に感じ、その面白さを知っていただくことが私たちの願いです。

点毎はこれからも、障害の有無を超えて、お互いに寄り添い、明るい未来に向かって一歩ずつ進んでいくための情報を届ける心強い新聞であり続けます。

毎日新聞社点字毎日編集部

記者　佐木理人

主要参考文献

阿佐博『中村京太郎――目を閉じて見るもの』日本盲人福祉研究会、1987年
――――『点字の履歴書　点字に関する12章』社会福祉法人視覚障害者支援総合センター、2012年
一般財団法人安全交通試験研究センター編集・発行『点字ブロック50年の記録』2017年
大阪毎日新聞整理部『新聞人の打明け話』一元社、1931年
岸博実「視覚障害者と戦争」『障害者問題研究』36、1984年、58―67頁
――――『盲教育史の手ざわり――「人間の尊厳」を求めて』小さ子社、2020年
島田信雄『日本の視覚障害者の職業小史』非売品、2000年
鈴木力二『中村京太郎伝』中村京太郎伝記刊行会、1969年
関宏之『岩橋武夫――義務ゆえの道行』日本盲人福祉研究会、1983年
総務省『令和元年版 情報通信白書』2019年
田中徹二『不可能を可能に――点字の世界を駆けぬける』岩波書店、2015年
谷合侑『盲人の歴史』明石書店、1996年
点字毎日編『激動の80年――視覚障害者の歩んだ道程』毎日新聞社点字毎日、2002年
東京教育大学教育学部雑司ケ谷分校「視覚障害教育百年のあゆみ」編集委員会編『視覚障害教育百年のあゆみ』第一法規出版、1976年
東京ヘレン・ケラー協会編『視覚障害者とともに　創基80周年／設立70周年――東京ヘレン・ケラー協会のあゆみ』

社会福祉法人東京ヘレン・ケラー協会、２０２０年
日本鍼灸手技療法教育研究会編『理療教育学 序説――はり師、きゅう師、あん摩マッサージ指圧師教育学の構築』ジアース教育新社、２０１５年
日本盲人会連合50年史編集委員会編『日本盲人会連合50年史』社会福祉法人日本盲人会連合、１９９８年
日本ライトハウス21世紀研究会編『我が国の障害者福祉とヘレン・ケラー――自立と社会参加を目指した歩みと展望』教育出版、２００２年
久松寅幸『近代日本盲人史――業権擁護と教育・福祉の充実を訴え続けた先人達』社会福祉法人東京ヘレン・ケラー協会、２０１８年
毎日新聞社出版局点字毎日部編『ドキュメント「点毎誕生」』社内資料、１９９２年
毎日新聞１３０年史刊行委員会『「毎日」の3世紀 新聞が見つめた激流１３０年』毎日新聞社、２００２年
盲人の門戸開放70周年記念事業実行委員会、高橋實監修『盲人と大学 門戸開放70周年』非売品、２０１９年
森田昭二『盲人福祉の歴史――近代日本の先覚者たちの思想と源流』明石書店、２０１５年

他に、点字大阪毎日、点字毎日、大阪毎日新聞、毎日新聞の過去の紙面を参考にした。

視覚障害と点字毎日に関する主要年表

年	視覚障害に関わる出来事と社会の動き	点字毎日と情報メディアに関する出来事
1825（文政8）	ルイ・ブライユが6点式点字の基本形を完成させる	
1854（嘉永7）	フランス政府がブライユの点字を公式文字として認める	
1866（慶応2）	9月 我が国に初めて点字が紹介される	
1890（明治23）	11月 日本の点字として東京盲唖学校の教員・石川倉次の翻案が採用	
1891（明治24）	初めての国産点字器が製作される	
1901（明治34）	4月 官報で石川案を「日本訓盲点字」として公示	
1906（明治39）		1月 我が国初とされる週刊点字新聞「あけぼの」創刊（1909年休刊）
1922（大正11）		5月 大阪毎日新聞社が週刊「点字大阪毎日」創刊（16ページ、定価1部10銭）
1923（大正12）	8月 盲学校及聾唖学校令公布（都道府県に設置義務） 9月 関東大震災発生（死者・行方不明者10万人以上）	2月 点字大阪毎日が盲学校用の点字教科書発行を開始
1925（大正14）	4月 治安維持法公布 5月 普通選挙法で点字投票が認められる 10月 関西盲学生体育大会開催（翌年から全国大会に）	3月 ラジオ放送開始 6月 「日刊東洋点字新聞」創刊
1927（昭和2）		9月 第1回普通選挙を前に、大阪・中之島の中央公会堂で点字毎日主催「模擬点字投票と普選講習会」開催
1928（昭和3）	2月 点字投票が認められた初の総選挙で、盲人の高木正年が当選	6月 点字大阪毎日主催、第1回全国盲学生雄弁大会（現・全国盲学校弁論大会）開催
1929（昭和4）	4月 文部省による初の盲学校用点字教科書「初等部用国語読本」発行 10月 中央盲人福祉協会発足（1950年に日本眼衛生協会と改称）	

年	月	出来事	月	点字毎日関連
1930（昭和5）	11月	ハンセン病患者のための初の国立療養所、岡山県の長島に開設		
1931（昭和6）	4月	癩予防法公布（1953年には新たな「らい予防法」公布）		
	9月	満州事変		
1933（昭和8）	3月	日本が国際連盟脱退		
	12月	東京・麻布の南山小学校に国内初の視力保存学級設置		
1936（昭和11）	4月	大阪のライトハウス開館式		
1937（昭和12）	4月	ヘレン・ケラー初来日		
	7月	日中戦争が始まる		
1938（昭和13）	4月	国家総動員法公布	8月	点字月刊誌「黎明」創刊（2000年に廃刊）
	11月	東京盲学校内に失明傷痍軍人教育所開設		
1939（昭和14）	5月	ドイツから盲導犬4頭を輸入（失明軍人支援の一環）		
1940（昭和15）			11月	日本盲人図書館（現・日本点字図書館）創立
1941（昭和16）	12月	太平洋戦争開戦		
1942（昭和17）	4月	大日本点訳奉仕団結成	8月	日刊「点字読売」発刊（1946年廃刊）
	12月	大日本盲人会誕生（戦時下における全国的な統合組織）		
1943（昭和18）			1月	点字大阪毎日「点字毎日」に改題
1945（昭和20）	8月	終戦	7月	点字毎日が、戦争による混乱と紙不足のため、印刷済みの用紙を使い旬刊になる（週刊復帰は1947年12月1日号）
1946（昭和21）	4月	官立盲学校及聾唖学校官制公布		
	10月	光明寮開寮（元失明軍人の教育機関を一般の中途失明者の保護と生活訓練の機関に。1948年に国立に移管。64年には国立視力障害センターと改称）		
	11月	日本国憲法公布		
1947（昭和22）	3月	教育基本法、学校教育法公布（特殊教育を学校教育の一環として位置づけ）		
	10月	鍼灸治療の禁止通達をめぐりマッカーサー旋風起きる		
	12月	「あん摩、はり、きゅう、柔道整復等営業法」公布		
1948（昭和23）	4月	「中学校の就学義務並びに盲学校及び聾学校の就学義務及び設置義務に関する政令」公布（盲学校・ろう学校小学部への就学義務制が学年進行により施行）		

1949（昭和24）	8月 日本盲人会連合結成。ヘレン・ケラー2度目の来日 12月 身体障害者福祉法公布（翌年4月施行）。第1回全国盲学生音楽コンクール開催	
1950（昭和25）	2月 国鉄が、付き添い者を連れた身体障害者の旅客運賃割引実施 3月 ユネスコ主催の国際点字統一会議がパリで開催（翌年にも開催） 5月 生活保護法公布 7月 地方税法に身体障害者の減免措置開始 8月 日本盲人キリスト教伝道協議会発足 11月 第1回全国盲学生点字競技会開催	
1951（昭和26）	2月 全国国立癩療養所患者協議会発足（現・全国ハンセン病療養所入所者協議会）発足 9月 日米安全保障条約調印（日本の主権が回復） 12月 厚生省が第1回身体障害者実態調査実施	
1952（昭和27）	4月 国鉄が「身体障害者旅客運賃割引規程」を公示 10月 全国盲学校理療科教員連盟（現・日本理療科教員連盟）結成	
1953（昭和28）	9月 日本盲人社会福祉施設協議会（日盲社協）結成 10月 「盲学校及び聾学校の就学に関する部分の規定の施行期日を定める政令」公布（中学部の義務制を学年進行で施行）	2月 テレビ本放送開始
1954（昭和29）	6月 「盲学校、聾学校及び養護学校への就学奨励に関する法律」公布	
1955（昭和30）	10月 第1回アジア盲人福祉会議が東京で開催。日本点字研究会結成	5月 ヘレン・ケラー3度目の来日、点字毎日編集部を視察
1956（昭和31）	4月 日本盲人福祉委員会発足 5月 全国ハンセン氏病盲人連合協議会発足	
1957（昭和32）	5月 第1回全国盲音楽家大会開催 9月 初の国産盲導犬誕生	
1958（昭和33）		9月 日本点字図書館が「声のライブラリー」開設
1959（昭和34）	4月 国民年金法公布（施行は61年。無拠出制の障害福祉年金はこの年の11月分から支給）	
1960（昭和35）	1月 無免許民間療法であはき法違反の罪に問われた被告の事件をめぐり、最高裁が仙台高裁へ差し戻す判決（64年、被告の罰金刑が確定）	

	7月　身体障害者雇用促進法公布（最低雇用率義務づけ） 9月　第1回パラリンピック・ローマ大会開催	
1961（昭和36）	6月　郵便法改正で盲人用郵便物無料化 10月　初の盲老人ホームが奈良の壷阪寺に開設	4月　NHKが視覚障害者の受信料（ラジオ）を免除
1963（昭和38）		3月　点字毎日が「菊池寛賞」受賞 11月　総選挙で点毎から点字版「選挙のお知らせ」発行
1964（昭和39）	5月　日本弱視教育研究会の第1回全国大会開催 11月　オリンピック、アジア初のパラリンピック東京大会開催	4月　「点字毎日文化賞」創設（盲人文化、福祉、教育の振興に新しい分野を開拓した功労者に贈る）。NHKのラジオ番組「盲人の時間」（現・「視覚障害ナビ・ラジオ」）スタート
1965（昭和40）	5月　日本身体障害者スポーツ協会（現・日本パラスポーツ協会）設立 6月　理学療法士及び作業療法士法公布 11月　第1回全国身体障害者スポーツ大会、岐阜県で開催	
1966（昭和41）	7月　日本点字委員会発足	
1967（昭和42）	5月　全日本視力障害者協議会（現・全日本視覚障害者協議会）結成 8月　身体障害者福祉法改正（身体障害者相談員、身体障害者家庭奉仕員など制度化）	
1968（昭和43）	4月　全国盲老人福祉施設連絡協議会（全盲老連）発足	7月　点字毎日が「朝日賞」（後の「朝日社会福祉賞」）受賞。ハンセン病療養所在園者に「声の点字毎日」寄贈開始
1969（昭和44）	4月　東京教育大学に理療科教員養成施設を設置 5月　点字署名を認める改正地方自治法施行	
1970（昭和45）	3月　大阪で日本万国博覧会始まる 5月　心身障害者対策基本法公布（障害者施策の基本的事項を規定） 7月　日本ライトハウスで歩行訓練士講習会開講（3カ月後に12人の歩行訓練士誕生）。障害福祉年金と児童扶養手当の併給を求めた「堀木訴訟」提訴（1972年に1審原告勝訴、75年に2審で逆転敗訴、82年に最高裁が上告棄却） 8月　中央心身障害者対策協議会発足（対策基本法に規定され、総理府に置かれた附属機関）	6月　月刊「点字ジャーナル」創刊

1971（昭和46）	3月 日本点字委員会「日本点字表記法（現代語篇）」を刊行 4月 国鉄が届出なしで盲導犬との乗車を認めると発表 5月 視能訓練士法公布	1月 改正著作権法の施行で、点字は無条件で、録音は認可施設に限り著作権の無償使用認められる
1972（昭和47）	5月 沖縄が日本に復帰 11月 第1回全国身体障害者技能競技大会（アビリンピック）東京で開催	
1973（昭和48）	5月 司法試験で点字受験認められる 11月 前の国籍により障害福祉年金を支給しないのは違憲と訴えた塩見訴訟提訴（1980年原告1審敗訴、84年大阪高裁控訴棄却、89年最高裁が上告棄却）	
1974（昭和49）	4月 東京都が行政職（福祉職）で初の点字試験を実施。合格者2人が就職	
1975（昭和50）	2月 高田馬場駅のホームから転落して死亡した視覚障害者の両親による「上野訴訟」提訴（1979年1審原告勝訴、86年に和解し国鉄が盲人への安全対策を約束） 6月 第1回極東・南太平洋身体障害者スポーツ大会（フェスピック）、大分県で開催 7月 警察庁が盲人用信号機のメロディーと擬音を選定 12月 第30回国連総会「障害者の権利に関する宣言」採択	10月 国立国会図書館が学術文献の録音サービス開始
1976（昭和51）	3月 第1回冬季パラリンピック、スウェーデンで開催 5月 身体障害者雇用促進法改正（納付金制度の創設） 7月 大阪で駅ホーム転落事故にあった視覚障害者による大原訴訟提訴（1980年1審原告勝訴、83年2審も勝訴、86年最高裁が高裁に差し戻し判決、87年に和解） 12月 第31回国連総会「国際障害者年」（1981年）決議	
1978（昭和53）	12月 改正道路交通法施行（盲導犬歩行が法的に位置づけられる）	
1979（昭和54）	1月 国公立大学の共通一次試験スタート。点字試験を採用 4月 養護学校義務制の実施 12月 民法改正（身体障害者を準禁治産の要件から廃止）。第34回国連総会「国際障害者年行動計画」決議（「国内長期計画」策定求める）	
1980（昭和55）	1月 立体コピーシステム開発 3月 総理府に国際障害者年推進本部設置 4月 国際障害者年日本推進協議会（1993年、日本障害者協議会に改称）結成 6月 身体障害者の航空旅客運賃の割引実施	

1981（昭和56）	4月 神奈川県で公共機関初のヘルスキーパー採用 5月 障害に関する用語整理のための医師法等の一部を改正する法律公布（つんぼ、おし、めくらを改める） 6月 診療報酬点数表からマッサージの項目なくなる 10月 点字受験で初の司法試験合格者 11月 政府が毎年12月9日を「障害者の日」と決定	
1982（昭和57）	3月 国際障害者年推進本部が「長期計画」決定。建設省が「身体障害者の利用を配慮した建築設計標準」策定 4月 総理府に障害者対策推進本部の設置を閣議決定 12月 第37回国連総会で「国連障害者の十年」（1983−1992年）を宣言（「障害者に関する世界行動計画」採択）。総理府が第1回「障害者の日記念の集い」開く	3月 国立国会図書館「点字図書・録音図書全国総合目録」刊行
1983（昭和58）	3月 運輸省が「公共交通ターミナルにおける身体障害者用施設設備ガイドライン」策定 6月 国際労働機関（ILO）第69回総会で職業リハビリテーション及び雇用に関する「条約」と「勧告」採択	
1984（昭和59）	1月 高知システム開発「AOKワープロ」開発 3月 郵政省が郵便貯金、保険証書の点字化を開始 11月 郵便貯金のATM（現金自動受払機）に音声ガイダンスと点字表示機能導入。サウジアラビアで世界盲人連合（WBU）設立	
1985（昭和60）	2月 情報処理技術者試験第1種で全盲の2人が合格 8月 建設省が「視覚障害者誘導用ブロック設置指針について」通達	
1986（昭和61）	4月 男女雇用機会均等法施行。改正国民年金法施行（障害基礎年金制度の創設）。郵政省が点字による貯金内容の通知サービス開始	
1987（昭和62）	3月 テクノエイド協会設立 4月 国鉄分割し、JR発足	
1988（昭和63）	5月 改正あはき法成立（免許権者を厚生大臣とする国家資格化。修業年限は原則高卒3年以上に。施行は90年4月）	1月 パソコン通信大手「ニフティ・サーブ」に視覚障害者フォーラム誕生 11月 日本IBM協力により点訳パソコンをネットワーク化した「てんやく広場」スタート

1989（昭和64、平成元）	3月 身体障害者雇用納付金制度で「ヒューマン・アシスタント」の配置開始 4月 消費税導入（3％）	
1990（平成2）	4月 筑波技術短期大学開校（2006年度から4年制に） 6月 身障者福祉法など福祉関係八法の改正（在宅福祉サービスの積極的推進、身体障害者福祉関係事務の市町村への一元化など）。通産省「情報処理機器アクセシビリティ指針」策定 7月 米国で障害のあるアメリカ人法（ADA）公布 11月 日本点字制定100周年記念式典開催。視覚障害者用識別マーク付き葉書発売開始	
1991（平成3）	3月 建設省が身体障害者の利用を踏まえた「建築設計基準」策定。全国盲ろう者協会設立 6月 運輸省「鉄道駅におけるエスカレーターの整備指針」策定（93年8月には「エレベーター」についても）。国家公務員採用試験で初の点字受験実施	4月 点字情報ネットワーク事業で「点字JBニュース」発行開始
1992（平成4）	2月 視覚障害リハビリテーション協会設立 4月 ESCAP「アジア太平洋障害者の10年」（1993年から）決議 9月 学校週5日制スタート（月1回から段階的に実施） 12月 第47回国連総会で、12月3日が「国際障害者デー」に	2月 点字図書給付事業（価格差補償制度）スタート 11月 点字毎日がコンピューター制御の自動製版機と輪転機によるドイツ製印刷システム導入
1993（平成5）	2月 初のあはき師国家試験 3月 点字版母子健康手帳発行開始 4月 弱視など軽度の障害のある児童生徒への通級指導制度化。大阪府が全国に先がけ「福祉の街づくり条例」施行 5月 「福祉用具の研究開発及び普及の促進に関する法律」公布（福祉用具の研究開発等に関する基本方針の策定など）。「身体障害者の利便の増進に資する通信・放送利用円滑化事業の推進に関する法律」公布（身体障害者向けの通信・放送のサービスに対する助成など） 12月 「障害者基本法」公布（法律名の改正、障害範囲の明確化、障害者計画の策定など）	
1994（平成6）	1月 航空便による外国向け点字郵便無料化 3月 運輸省「公共交通ターミナルにおける高齢者、障害者等のための施設整備ガイドライン」策定 5月 日本網膜色素変性症協会（JRPS）設立。点図作成ソフト「エーデル」開発	4月 点字毎日の1カ月分の点字データをまとめた「点字データ版」創刊 9月 パソコン通信で点字毎日記事のテキストデータ配信開始

10月 建設省「高齢者、身体障害者の利用に配慮した建築設計標準」策定

11月 年金改革関連法が成立（障害基礎年金の半額支給など）。外出介助ボランティア組織による全国大会（後にネットワーク化）

12月 初の「障害者白書」。第49回国連総会「障害者の機会均等化に関する標準規則」採択

1995（平成7）

1月 阪神大震災発生

6月 障害者対策推進本部が「障害者週間」設定（この年の12月から実施）。「中途視覚障害者の復職を考える会（タートル）」設立

10月 国勢調査で点字と大活字の調査票配布

12月 障害者対策推進本部「障害者プラン（ノーマライゼーション7か年戦略）」を策定（障害者施策に初めて数値目標示す）

1996（平成8）

4月 らい予防法廃止法施行

7月 厚生省に「障害保健福祉部」設置

9月 国家公務員採用Ⅱ種試験で初の点字受験合格者。全国規模のパソコン通信ネットワーク「ノーマネット」運用開始

1997（平成9）

10月 盲ろう者向け通訳・介助員養成が国の事業に

8月 デジタル録音図書の世界統一規格に「ＤＡＩＳＹ（デイジー）」の採用決まる

1998（平成10）

3月 長野冬季パラリンピック開催

7月 参議院本会議の総理大臣指名選挙で国会史上初めて点字投票が認められる。熊本地裁でハンセン病国家賠償訴訟提訴、全国各地で訴訟に発展

8月 福岡地裁で柔整師養成校新設計画を認定しなかった国の処分を取り消す判決（晴眼者向け養成校新増設問題のきっかけに）

10月 郵政省「障害者等電気通信設備アクセシビリティ指針」告示

12月 特定非営利活動促進法施行

2月 「点字毎日活字版」創刊

1999（平成11）

3月 文部省が盲・ろう・養護学校の学習指導要領を告示（従来の「養護・訓練」が「自立活動」に。小・中学部は02年度、高等部は03年度から）

4月 地下鉄で電車に接触して重傷を負った学生が大阪市を訴えた「佐木訴訟」提訴（２００１年1審原告敗訴、03年大阪高裁で和解）

5月 郵政省と厚生省「インターネットにおけるアクセシブルなコンテンツの作成方法に関する指針」を公表

8月 障害者施策推進本部「障害者に係る欠格条項見直しの対処方針」決定

11月 現上皇さま・上皇后美智子さまが点字毎日編集部をご視察

	9月	通産省が点字ブロックのパターン（突起の形と配列）を実験データ元に標準情報で公表（2001年にJIS化）。身体障害者福祉審議会「身体障害者福祉法一部改正について」答申（措置制度から利用契約制度への移行を提言）		
2000（平成12）	4月	介護保険制度スタート		
	5月	「交通バリアフリー法」成立		
	6月	「福祉サービスの利用契約制度化」を柱とする関連8法が成立。障害者施策推進本部「障害者に係る欠格条項の見直し」で進捗状況まとめる		
	7月	沖縄サミットでIT憲章採択（障害者の情報格差解消も盛り込む）		
2001（平成13）	1月	国の省庁再編。改正著作権法施行で、ネットワークでの点字データ送受信可能に。第1回点字技能検定試験実施。文部科学省の調査研究協力者会議が特殊教育のあり方で報告書（就学基準の緩和、特殊教育諸学校のセンター的役割の強化などを提言）	4月	視覚障害者を対象にパソコン周辺機器やソフトの購入費用を助成する「障害者情報バリアフリー化支援事業」スタート
	5月	ハンセン病国賠訴訟で熊本地裁が原告全面勝訴の判決。国は謝罪と救済策に取り組むと発表		
	7月	学生無年金障害者が全国各地で提訴		
	8月	国土交通省「公共交通機関旅客施設の移動円滑化整備ガイドライン」策定		
	10月	第1回全国障害者スポーツ大会、宮城県で開催。世界盲ろう者連盟（WFDb）設立		
2002（平成14）	4月	文部科学省が障害のある児童・生徒の就学の仕組みを見直し、「認定就学者制度」創設。障害年金の認定基準改正（目の障害の等級認定の基準に視野障害加わる）		
	5月	身体障害者補助犬法成立（盲導犬などの同伴受け入れ拒否の禁止。10月に一部施行、翌年10月に全面施行）		
	12月	国土交通省「道路の移動円滑化制度ガイドライン」策定		
2003（平成15）	3月	文部科学省の調査研究協力者会議が最終報告「今後の特別支援教育の在り方について」公表。日本点字技能師協会設立	4月	月刊「Newsがわかる」点字版創刊、メール配信による点字電子新聞創刊
	4月	支援費制度スタート。欠格条項見直し後の医師国家試験に全盲男性が初の合格		
	5月	NTTドコモが障害者の携帯電話の基本使用料の割引開始		
	6月	国連で「障害者権利条約特別委員会会合」（草案づくりの作業部会設置を決議）		
2004（平成16）	4月	小中学校に通う弱視児に拡大教科書の無償給付開始（10月からは点字教科書も）	2月	日本新聞博物館（横浜市）で「点字毎日展」開催（期間は2月21日〜5月9日）

	5月 改正障害者基本法成立（差別禁止理念の明示など） 6月 改正国民年金法成立（障害基礎年金の併給調整の緩和など）。紫外線硬化樹脂インキ点字のＪＩＳ規格化 10月 厚生労働省「今後の障害者保健福祉施策について（改革のグランドデザイン案）」公表。日本障害フォーラム（ＪＤＦ）設立 12月 「特定障害者に対する特別障害給付金の支給に関する法律」成立（学生無年金障害者対象。05年4月施行）	6月 7月の参院選を前に比例区の政党公報を全文点訳した「点字毎日号外　選挙のお知らせ」発行
2005（平成17）	7月 国土交通省「ユニバーサルデザイン政策大綱」公表（ハートビル法、交通バリアフリー法の一体化など） 10月 障害者自立支援法成立。「全国視覚障害児童・生徒用教科書点訳連絡会」発足	2月 「点字毎日音声版」創刊 10月 「点字毎日テキスト版」創刊
2006（平成18）	3月 内閣府「災害時要援護者に対する避難支援ガイドライン」策定 4月 障害者自立支援法一部施行（同年10月全面施行）。公共施設などの点字サインでＪＩＳ規格化 6月 改正学校教育法が成立（特殊教育を特別支援教育に改め、盲・ろう・養護学校は「特別支援学校」に。07年4月施行）。「高齢者、障害者等の移動等の円滑化の促進に関する法律」（バリアフリー新法）成立 8月 障害者権利条約の草案に国連の特別委員会が基本合意（12月の国連総会で条約採択）	
2007（平成19）	1月 人事院「障害を有する職員が受けるリハビリテーションについて」通知（中途障害者の職場復帰に必要な訓練を研修として認める） 2月 包装容器の触覚識別表示のＪＩＳ制定 3月 国連で障害者権利条約署名式（日本政府は同年9月に署名） 4月 障害者自立支援法をめぐる経済的な負担軽減措置「特別対策」実施 7月 千葉県で全国初の障害者差別禁止条例施行。改正著作権法施行（録音図書をインターネット配信するための「自動公衆送信」認められる） 10月 郵政民営化スタート	
2008（平成20）	3月 ＪＲ東日本が山手線全駅に可動式ホーム柵導入の計画を発表 4月 函館、塩原、神戸、福岡の視力障害センターで高等課程（中卒者対象）の募集を停止 6月 教科書バリアフリー法成立 10月 障害者自立支援法違憲訴訟で第1次原告提訴	

年	月	出来事	月	点字毎日
2009（平成21）	1月	ルイ・ブライユ生誕200年を記念した国際会議、パリで開催	1月	ルイ・ブライユ生誕200年で、点字毎日と毎日新聞が運動キャンペーン
	3月	家電製品操作部の点字表示をJIS化	4月	地上デジタル放送への完全移行を前に経済的弱者に対する受信用チューナー無償給付決まる
	4月	ハンセン病問題基本法施行（国立療養所を地域住民に開放し、公共施設の併設も可能に）	11月	1907年創刊の米国の点字月刊誌「マチルダ・ジーグラー」発行停止
	12月	第1回障がい者制度改革推進本部開催		
2010（平成22）	1月	改正著作権法施行（複製や自動公衆送信を権利者の許諾なく行える対象が視覚障害者以外にも広がる）。障害者自立支援法違憲訴訟をめぐり、原告団・弁護団・厚生労働大臣が「基本合意」。「障がい者制度改革推進会議」スタート	3月	前年の点毎「点字の父・ブライユ生誕200年にちなんだ点字と視覚障害者に関する一連のキャンペーン」取材班が坂田記念ジャーナリズム賞受賞
	12月	障害者自立支援法の暫定改正法が成立	4月	インターネット上の「サピエ図書館」運用開始
2011（平成23）	3月	東日本大震災発生（死者・行方不明者2万2000人超）。東京電力福島第一原発事故発生		
	6月	障害者虐待防止法成立（12年10月施行）		
	8月	障がい者制度改革推進会議の総合福祉部会「骨格提言」まとめる		
	10月	「同行援護」制度化		
2012（平成24）	3月	診療報酬点数に「ロービジョン検査判断料」加わる	4月	官民共同運営の刑務所、島根あさひ社会復帰促進センターで点字毎日のバックナンバーのデータ化作業開始
	6月	障害者総合支援法成立（13年4月施行）		
	7月	障がい者制度改革推進会議が障害者政策委員会に改組して第1回開催。文部科学省の「特別支援教育の在り方に関する特別委員会」が報告書公表（就学先決定の新たな考え方示す）		
	8月	国民生活センターが報告書「手技による医業類似行為の危害」公表		
2013（平成25）	3月	塩原視力障害センター閉所		
	6月	障害者差別解消法成立（16年4月施行）。改正障害者雇用促進法成立。「マラケシュ条約」が世界知的所有権機関（WIPO）で採択（16年発効、18年に日本政府批准）		
	9月	改正学校教育法施行令施行（一定程度の障害のある者は特別支援学校への就学が原則という規定がなくなる）		
	12月	国会で日本政府の障害者権利条約締結を承認		

2014（平成26）	1月	政府が障害者権利条約を批准（2月19日から国内で発効）	1月 国立国会図書館がインターネットでの新しい図書・文献データ提供サービス開始
	9月	iPS細胞（人工多能性幹細胞）による世界初の移植手術（臨床研究）を眼の疾患の患者に実施	
2015（平成27）	3月	仙台市で開かれた第3回国連防災世界会議で「仙台防災枠組」採択（障害者を含む多様な主体を踏まえた防災の取り組み推進の重要性を指摘）	10月 日本盲人キリスト教伝道協議会の月刊点字雑誌「信仰」が100周年
	6月	改正公職選挙法成立（選挙権年齢を18歳以上に引き下げ。16年6月施行）	
2016（平成28）	1月	マイナンバー制度の本格運用開始	
	4月	障害者差別解消法と改正障害者雇用促進法施行。あはき師の「免許保有証」運用開始	
	6月	障害者権利条約に基づく日本の第1回政府報告を国連の障害者権利委員会に提出	
	7月	相模原市の「津久井やまゆり園」で殺傷事件。あん摩師養成課程の新設を認められなかった専門学校を経営する学校法人が、国の処分取り消しを求め仙台、東京、大阪の3地裁に提訴	
	10月	国土交通省が道路運送車両の保安基準改正（ハイブリッド車や電気自動車などに「車両接近通報装置」義務化）	
2017（平成29）	2月	20年開催の東京オリンピック・パラリンピックを機に共生社会を目指す「ユニバーサルデザイン2020行動計画」発表	
	3月	iPS細胞から作った網膜組織の細胞を眼疾患の患者に移植した世界初の臨床研究実施	
	8月	第1回全国盲学校フロアバレーボール大会、さいたま市で開催	
2018（平成30）	3月	京都府立盲学校の前身、京都盲唖院で使われた教材など3000点が国の重要文化財に指定	5月 点字毎日が日本記者クラブ賞特別賞受賞
	4月	障害者と高齢者が、同じ事業所からホームヘルプなどのサービスを受けられる「共生型サービス」開始	
	5月	改正学校教育法成立（デジタル教科書を正式な教科書に位置づけ）。旧優生保護法の下で不妊手術を強制されたと訴える障害者による国家賠償訴訟の提訴が各地で始まる	
	8月	国の中央省庁が雇用する障害者の数を水増ししていた事実が明らかに	
2019（平成31、令和元）	1月	改正著作権法施行（第37条の権利制限の対象に、肢体不自由により書物を持てない者が加わる）	
	4月	旧優生保護法下で強制不妊手術の被害を受けた障害者らへの救済法が成立	

	6月 障害者読書環境整備推進法（読書バリアフリー法）が議員立法で成立 10月 日本盲人会連合（日盲連）が社会福祉法人の名称を日本視覚障害者団体連合に変更	
2020（令和2）	3月 新型コロナウイルス感染症の感染拡大で東京オリンピック・パラリンピックの1年延期が決定 4月 新型コロナで全国に緊急事態宣言 10月 iPS細胞から作った網膜の神経細胞を網膜色素変性症の患者の目に移植。福祉分野と雇用分野が連携する初の取り組みが一部自治体で開始（自営や企業で働く重度障害者に対する通勤時や職場での支援を実施）	7月 点字毎日が通巻5000号突破
2021（令和3）	3月 改正児童扶養手当法により障害年金受給者が児童扶養手当の一部を受給できる仕組み始まる 5月 改正障害者差別解消法成立（民間事業者にも合理的配慮を義務化。24年4月施行） 8月 東京パラリンピック開催 12月 国土交通省が鉄道駅のバリアフリー化整備費用を運賃に上乗せできる制度創設	
2022（令和4）	2月 専門学校にあん摩師養成課程の新設を認められなかった学校法人が国の処分取り消しを求めた訴訟で、最高裁が原告の訴えを認めず。 5月 「障害者情報アクセシビリティ・コミュニケーション施策推進法」議員立法で成立	5月 点字毎日が創刊100年を迎える 12月 内閣府のバリアフリー・ユニバーサルデザイン推進功労者表彰で、点字毎日に内閣総理大臣表彰
2023（令和5）		3月 坂田記念ジャーナリズム賞で前年の点字毎日の「点字毎日創刊100年に合わせた企画報道」が選ばれ、第1部門（スクープ・企画報道）新聞の部で受賞
2024（令和6）	4月 改正障害者差別解消法施行（民間事業者も合理的配慮義務化） 7月 旧優生保護法の下で強制不妊手術を強制された障害者らが訴えた訴訟で、最高裁が旧法を違憲とし、国の賠償責任を認める判決（原告側と政府は9月、和解の合意書に調印。11月までに一連の訴訟はすべて終結） 10月 旧優生保護法補償金支給法成立	

初出一覧

連載「『点字の世界』へ」より 『ふらんす』（白水社）２０２３年５〜７月号、９月号［執筆：濱井良文・佐木理人］（序章・終章）

連載「点字毎日が伝えてきたもの　１００年の歩み」点字毎日２０２１年４月25日・５月２日合併号〜２０２２年５月３日号［執筆：濱井良文］（第Ⅰ部１〜６、第Ⅱ部７〜12、第Ⅲ部13〜20、コラム 自立と社会参加③〜⑦）

連載「点字新聞の挑戦」より　点字毎日２０１２年10月７日号、11月４日号、12月２日号、２０１３年３月３日号、４月７日号、５月12日号、６月９日号［執筆：佐木理人］（コラム 点字新聞の挑戦①〜⑥）

ルイ・ブライユ生誕２００年特集「点字と選挙『点字は文字とみなす』」点字毎日２００８年12月28日・２００９年１月４日新春合併号、２００９年１月11日号、１月18日号［執筆：野原隆］（コラム 自立と社会参加①②）

連載「視覚障害者と戦争」より　点字毎日２００５年７月17日号、８月21日号、９月18日号、11月27日号、12月18日号、２００６年１月22日号、８月13日号、８月20日号［執筆：野原隆］（視覚障害者と戦争）

連載「全国盲学校弁論大会 70回記念企画　輝く時代のメッセージ」より　点字毎日２００１年３月18日号、６月17日号、10月21日号（輝く時代のメッセージ　全国盲学校弁論大会❶〜❸）

点字毎日２０２４年10月15日号、同10月22日号［執筆：谷本仁美］（輝く時代のメッセージ　全国盲学校弁論大会❹）

連載「点毎創刊１００年記念インタビュー」より　点字毎日２０２２年５月31日号、６月７日号、６月28日号、７月５日号、７月12日号、８月２日号［執筆：濱井良文・谷本仁美・澤田健・平井俊行］（コラム １００年記念インタビュー）

＊コラム 点字新聞の挑戦⑦は書き下ろし。

◆編者紹介

毎日新聞社点字毎日編集部

視覚に障害のある人に向けて、独自の取材と編集をもとに週刊点字新聞を発行。拠点となる編集部と印刷室は1922（大正11）年の創刊以来、一貫して大阪市の毎日新聞大阪本社にある。

受賞歴に、「菊池寛賞」（1964年）、「朝日賞」（1968年）、「日本記者クラブ賞特別賞」（2018年）、「バリアフリー・ユニバーサルデザイン推進功労者表彰（内閣総理大臣賞）」（2022年）など。

●読者のみなさまにお知らせ
点訳データ、音読データ、拡大写本データなど、視覚障害の方の利用に限り、本書内容を複製することを認めます。ただし、営利を目的とする場合にはこの限りではありません。

●本書のテキストデータを提供します
視覚障害、肢体不自由などを理由として必要とされる方に、本書のテキストデータをCD-Rで提供いたします。180円切手と返信用封筒（住所明記）と下のテキストデータ引換券（コピー不可）を同封の上、下記の住所までお申し込みください。

●宛て先
〒101-0021 東京都千代田区外神田6-9-5
株式会社明石書店　編集部
『点字新聞が伝えた視覚障害者の100年』テキストデータ係

テキストデータ
点字新聞が伝えた
視覚障害者の100年
引換券

点字新聞が伝えた視覚障害者の100年
——自立・社会参加・文化の近現代史

二〇二五年一月三一日　初版第一刷発行

編　者——毎日新聞社点字毎日編集部
発行者——大江道雅
発行所——株式会社 明石書店
一〇一－〇〇二一 東京都千代田区外神田六－九－五
電話　〇三－五八一八－一一七一
ＦＡＸ　〇三－五八一八－一一七四
振替　〇〇一〇〇－七－二四五〇五
http://www.akashi.co.jp
装　丁——明石書店デザイン室
印刷・製本——モリモト印刷株式会社

（定価はカバーに表示してあります）

ISBN978-4-7503-5886-4